AF279025

APPEL

D'UN

PRÊTRE INNOCENT

DANS L'AFFAIRE D'ARUDY

DIOCÈSE DE BAYONNE (FRANCE)

PARIS

IMPRIMERIE ADMINISTRATIVE DE PAUL DUPONT

RUE JEAN-JACQUES-ROUSSEAU 41.

1871

LA QUESTION

Rome, sous le rapport spirituel, est appelée à terminer enfin
une affaire perpétuée par un évêque de France : c'est celle
de M. Bergé, curé-doyen d'Arudy (Basses-Pyrénées). Commencée en 1862, elle a passé successivement par les tribunaux français, par la congrégation romaine des évêques et
réguliers, où elle est pendante, par l'officialité de Bayonne.
Ce litige est un énorme abus de pouvoir, qui ne devait pas
être toloré si longtemps. On chercherait en vain dans
l'histoire des siècles les plus malheureux, une persécution
si longue, si foncièrement injuste, si odieuse de tout point.
Nous demandons, 1° que les diffamateurs de ce digne prêtre,
savoir : l'évêque, responsable en fait et en droit; l'ex-vicaire,
repris de justice, le curé de Bielle, etc., soient condamnés
solidairement à lui rendre sa réputation ecclésiastique, dont
ils l'ont dépouillé de la manière la plus injuste et la plus
calomnieuse; 2° que toutes les sentences de l'évêque et de
son official soient déclarées nulles de plein droit, injustes
et calomnieuses. Nous espérons obtenir justice de Rome et
de la France, ces deux grandeurs de l'univers, encore de-
bout après tant de malheurs, et que Dieu saura conserver
dans l'intérêt du droit et de la vérité, de la civilisation et
de la religion.

CHARLES B. . .

Avocat et licencié en droit.

APPEL

D'UN

PRÊTRE INNOCENT

DANS L'AFFAIRE D'ARUDY

CHAPITRE PREMIER.

LES CAUSES DES CALOMNIES DE MŒURS.

L'évêque de Bayonne est responsable, coupable même des calomnies contre le curé d'Arudy; d'abord, parce que sans droit et contre tout droit il en a posé les causes. La première et la plus blâmable, c'est le vicaire. En effet, placer d'autorité un vicaire quelconque, même le plus vertueux, dans une maison particulière, c'est intervenir dans l'administration intérieure de la paroisse qui appartient principalement au pasteur. Le loger ainsi chez l'ennemie notoire et personnelle de l'administrateur canonique, n'est-ce pas créer d'avance contre tout droit un dualisme fatal à l'autorité du supérieur et au bien des fidèles ? Mais si le vicaire, logé d'office chez une personne publiquement hostile, a fait ses preuves en matière de tracasserie, de vilenies, de divisions, dans trois maisons religieuses qui l'ont éconduit; si son premier chef a déclaré qu'éclairé par la zizanie semée dans sa communauté, il n'avait consenti à l'ordination du sujet qu'à la condition qu'il ne rentrerait jamais dans le monde où il serait trop dangereux;

si son second supérieur lui attribue des attaques sourdes par l'indigne voie des lettres anonymes, et si en effet un prêtre, d'ailleurs honorable, s'accuse sous sa signature d'en avoir écrit à son instigation et sous sa dictée ; si son troisième et dernier chef en religion le déclare *orgueilleux, calomniateur, ne reculant devant aucun moyen, ennemi de toute supériorité*, le logement d'un tel homme au foyer même d'une inimitié connue, n'est-ce pas la torche incendiaire sciemment jetée sur la poudre ? L'évêque devait avoir des vues terribles, avait dit un haut dignitaire.

Supposons charitablement que le logement du vicaire, ainsi fait d'office, puisse être attribué à l'ignorance de ses qualités et de ses antécédents, et que l'on soit seulement coupable d'avoir négligé de s'informer avant de le nommer et de le placer ; admettons même que l'on ait été trompé, circonvenu en sa faveur. Mais lorsque durant quatre ans les sinistres lueurs de l'incendie allumé par lui allaient éclairer même le palais de l'évêque, pourquoi ne s'est-il pas informé au moins alors, et l'a-t-il maintenu dans ce logement contre toute évidence, contre tout droit, contre toutes les réclamations ? On répondra peut-être que la faute en est au vicaire général, qui recevait chaque jour des lettres horribles de ce prêtre contre son curé, et qui lui répondait souvent. Pourquoi l'autre vicaire général a-t-il déclaré que son collègue communiquait les dénonciations du vicaire au prélat et que Sa Grandeur faisait la sourde oreille à tous les autres ? On vient d'en trouver des centaines, dont la simple lecture a fait frémir d'indignation. Mais d'où vient que le pontife a permis ou toléré quatre ans cette affreuse correspondance, sans jamais en faire contrôler les mensonges par la plus petite enquête ? Pourquoi a-t-il mis ou laissé si longtemps le timon de cette correspondance dans les mains d'un grand vicaire dont le peu de bienveillance pour le curé était connue depuis vingt-trois ans ? Nous aimons à rendre justice même à nos adversaires : ce vicaire général était un prêtre d'une obéissance et d'une docilité sans bornes envers son évêque. A-t-il pu lui cacher quatre ans une si grave et si fréquente correspondance, et la direction que ses réponses pouvaient lui imprimer ? S'il avait pu commettre cette énorme faute, est-ce qu'il n'y aurait pas eu dans cette cour épiscopale quelqu'un pour en instruire le prélat, alors que tout le diocèse, sans excepter des laïques, le savait parfaitement ? Admettons l'absurde, savoir, que personne n'ait osé remplir ce devoir. Pourquoi cette crainte, si on n'avait pas su l'évêque du complot ? D'ailleurs, est-ce que le droit ne rend pas l'évêque responsable des actes de son vicaire général ? Est-ce que, suivant le mot de la science canonique, *il ne les fait pas siens* ? En fait, le pontife a-t-il jamais désavoué, même par un mot, la conduite de ce grand vicaire ? Au contraire, il le promut archidiacre après les jugements qui flétrissaient son correspondant et ses complices. Pesait-il trop par son influence sur la pensée de l'évêque ? Il est mort, hélas ! depuis plus de trois ans, et la pensée du prélat n'est point modifiée dans ses actes ni dans ses paroles, seuls moyens de l'exprimer et de la connaître.

A ces trois causes puissantes réunies par lui en faisceau, savoir : l'ennemie du curé, le vicaire, le grand vicaire, les fautes volontaires du prélat en joignirent deux autres d'une importance non moins capitale : je veux parler du parti des amis du chanoine d'Arudy dans le canton, et du tiers ordre de Saint-François dans la paroisse.

La simplicité des mœurs antiques a depuis longtemps laissé dans le pays son dernier vestige ; le public s'y plaignait des festins et du jeu de cartes trop fréquents et trop bruyants dans un groupe de prêtres, souvent présidés par le chanoine d'Arudy, ami intime de monseigneur et de l'ennemie du doyen. Un fait grave de jeu excita une vive rumeur jusqu'au chef-lieu, trois mois après l'arrivée du vicaire ; il parvint au doyen même dans une plainte signée par deux notabilités laïques. Il crut faire suffisamment son devoir en instruisant l'évêque sans nommer personne ; celui-ci demanda *les noms de ceux à qui les notes se rapportaient*. Quand il en fut nanti, par une grave indiscrétion de sa part, les deux lettres de l'abbé Bergé furent montrées au chef des joueurs et publiées dans le groupe. Leurs excuses furent admises sans demander au doyen ses preuves, pas même la plainte signée dont il était pourvu. Par cet acte, dont il pouvait et devait prévoir la fâcheuse portée, monseigneur affichait le chef du canton aux yeux du clergé comme l'ennemi de ses réunions ; il plaçait naturellement à sa tête le vicaire, fort d'une correspondance quotidienne de l'évêché, et qui fréquentait assidûment ces réunions. De plus, le chanoine, blessé dans ses habitudes et ses affections, devenait un ennemi dangereux. Les canons condamnent assurément et les festins et les jeux de cette nature, et cette indiscrétion plus ou moins calculée, et cette décision sans examen suffisant. Mais les lois ecclésiastiques dans l'affaire d'Arudy n'ont été que des toiles d'araignée, bonnes seulement pour retenir les insectes, impuissantes pour arrêter les oiseaux de haut vol. On le vit encore dans l'incident du tiers ordre de Saint-François; c'était le ressort le plus puissant de la paroisse. Elle est belle l'institution du père séraphique, même dans notre siècle sceptique, sensuel, orgueilleux, affamé d'or ! mais à la condition d'être soumise à la sagesse de ses règles et de puiser la séve de sa vie dans les prescriptions de l'Eglise. Il n'en était point ainsi à Arudy ; l'autorité du tiers ordre, que les bulles apostoliques ont mise dans les prêtres de la grande famille franciscaine, était entièrement tombée en quenouille. Là, contrairement aux saints canons et au sens commun, la femme prêchait à l'église; là aussi et de son autorité, la femme donnait le pouvoir qu'elle n'avait pas de recevoir des sujets au noviciat et à la profession, et de formuler des indulgences plénières, des bénédictions papales. C'était radicalement nul, car les prêtres de la paroisse depuis quarante ans n'avaient reçu ni visite des supérieurs ni délégation d'aucune sorte. Les âmes étaient ainsi privées des biens spirituels qu'elles croyaient recevoir. Cette situation si anormale et d'autres abus faisaient dire de cette congrégation qu'elle était un *tiers désordre*. L'abbé Bergé sollicita le concours de monseigneur pour y remédier ; mais l'évêque, sans répondre, fit instruire de sa demande ceux qui avaient intérêt à repousser la réforme. Il fut représenté dès lors comme un ennemi juré de la congrégation, et accusé de travailler à sa perte. Le vicaire y prit audacieusement sa place même dans les cérémonies publiques et dans la direction des consciences ; il put former à loisir ce noyau ignorant, colporteur et orgueilleux, qui des mains de ce directeur passa, hélas ! à celles du geôlier.

Quelle excuse peut encore alléguer ici l'évêque ? Les canons qui défendaient cette situation et cette usurpation ? Evidemment non. La mauvaise coutume ? Mais les franciscains, seuls compétents, l'ont condamnée, en remettant au noviciat tous les sujets entrés dans la congrégation depuis quarante ans, et en la créant de nouveau comme entièrement nulle. La prétendue hostilité du doyen ? Mais de tous ses titres, il a aimé toujours celui de tertiaire de Saint-François; loin d'en rougir, il s'honore de le porter.

Ces trois influences pouvaient le forcer à se démettre de sa cure;

il ne restait plus que le pouvoir civil. Toujours prêtre et rien que prêtre, l'abbé Bergé n'avait jamais manqué à ses devoirs envers elle; mais les seuils des demeures des préfets et sous-préfets n'avaient point encore reçu l'empreinte de ses pas ; et depuis, il ne les a foulés que trois fois, attiré seulement par les plus hautes convenances et par de très-graves affaires mixtes. On fut donc surpris de le voir accepter l'ordre que lui donna publiquement l'évêque, en présence du clergé et des principales autorités laïques, de faire une grande cérémonie religieuse avec *Domine, salvum* et discours, le tout alors trop en usage, à l'occasion d'une route créée aux portes d'Arudy par la munificence personnelle de la famille impériale. C'était évidemment pour tout prêtre un dangereux honneur dans les circonstances que l'Eglise traversait ; il le devenait davantage à un autre point de vue, par un second ordre épiscopal, mais secret, savoir : de s'entendre avec le préfet, seulement quand ce magistrat viendrait lui-même à Arudy. Le Conseil de révision l'y conduisit enfin le 27 mai 1861.

Il exigea que tout fût improvisé dans une heure. Cette circonstance n'empêcha pas le parti du vicaire de lancer aux journaux un trait préparé longtemps d'avance : cette cérémonie y fut qualifiée de *pontificale*, quoique faite avec la simple assistance des deux ecclésiastiques de la paroisse et de quelques enfants de chœur, dans l'espace de cinq minutes, et apparemment sans crosse, ni mitre, ni anneau pastoral. Ce mot tomba dans le ridicule qu'il méritait, mais contribua certainement à provoquer l'attention publique sur deux calomnies non moins prêtes pour la circonstance, au sujet de la courte allocution qui fut prononcée par le curé à la porte de son église. Dans l'entourage de l'évêque, on l'incrimina comme dynastique ; et cependant la *France* y passait avant l'*Empereur*, la *patrie* avant sa *famille ;* à la *Providence, source première de tout bien*, étaient rapportées les prospérités matérielles de l'Empire. Mais le crime capital était, en face d'un chemin construit par la famille impériale à ses frais, de n'avoir pas parlé du Saint-Père, complétement étranger certes à cette construction, et dont les augustes malheurs ne pouvaient convenablement être rappelés, même par une simple allusion à ceux qui étaient l'objet de cette fête, sans les faire souffrir, pour peu que le curé eût cédé, à cet égard, à ses sentiments bien connus pour le pape. Afin de rétablir la vérité, il suffit de citer cette pièce lue chez le préfet ; *elle fit plaisir à l'évê-*

*que, après qu'il eut pris connaissance des félicitations du ministre des
cultes* à ce magistrat et au curé (1). Quel ministre pourtant, même aux
yeux d'un simple prêtre ! Que son approbation toucha peu le curé-
doyen ! Voici cette allocution ; le lecteur jugera lui-même :

« Monsieur le Préfet,

« Les autorités et la population d'Arudy ont salué avec bonheur
votre arrivée dans cette ville. Vous êtes parmi nous le digne représentant de l'Empereur, et jamais la patrie du général *Darriule* (2) n'a
reçu dans ses murs un magistrat plus zélé pour la gloire de la France
et de l'auguste chef qu'elle s'est donné. Daignez être auprès de Sa Majesté
l'interprète de nos sentiments. Honneur et reconnaissance à Napoléon III
qui crée à nos portes la route thermale de Saint-Christau, qui nous
met ainsi à quelques heures de l'Espagne ! Pendant qu'au dehors il
élève plus haut que jamais la grande nation française, nous voyons son
puissant génie remuer et féconder tout jusqu'aux extrémités de son Empire ; diriger ici de pacifiques conquêtes, faire tressaillir nos montagnes
sous les pas du progrès, les forcer à porter des zones de civilisation,
de nouvelles voies romaines. — Divine Providence, source première
de tout bien, continuez à bénir ma patrie, l'Empereur et son auguste
famille ! Vive l'Empereur ! »

Après avoir évité ce piége, il en trouva un autre sous ses pas ; il y
fut attiré par son bon cœur vers la fin de 1861. La commune d'Arudy
venait de perdre par un procès la maison d'hospice en faveur des pauvres malades, qu'elle possédait depuis longtemps ; père et protecteur
naturel des malheureux, le curé résolut de réparer cette perte à ses
frais ; pour obtenir le concours des personnes charitables et calmer
l'effervescence des esprits émotionnés par ce malheur, il récita dans
la chaire de son église l'allocution suivante, le 5 janvier 1862 ; *il ne
s'en suivit ni mécontentement général ni scandale ; il n'y avait nul
appel à des récriminations contre personne :*

« Personne n'ignore dans la paroisse que la commune d'Arudy
a perdu le procès soutenu par elle, au sujet de la maison qui
servait d'hospice. On doit cette semaine en remettre la clé. Cette
affaire est bien légitimement perdue, malgré le zèle et les efforts des
autorités locales, dont personne n'a le droit de se plaindre. Le jugement qui a été rendu est juste et fondé. De grands jurisconsultes
chargés d'examiner si on pouvait l'attaquer en appel, l'ont déclaré inat-

---

(1) Lettre du préfet à l'abbé Bergé, 10 juin 1861.
(2) Gouverneur de Paris sous Louis-Philippe.

taquable. Dans la donation entre-vifs par laquelle cette maison avait été donnée aux pauvres, il y avait la condition que la commune n'a pu remplir; l'autorité d'alors omit certaines formalités que la loi déclare essentielles pour la validité de ces sortes de donations. La maison d'hospice est donc perdue justement et à jamais pour la commune. C'est un malheur pour les pauvres, qui va être réparé. Je vous annonce, d'accord avec l'autorité locale, après l'avoir consultée, que la bonne œuvre de l'hospice va continuer. A cet effet, je vais chercher et procurer une autre maison, qui puisse servir d'asile pour les pauvres malades. Je fais un appel à votre charité pour obtenir le mobilier nécessaire et les autres ressources; j'espère que cet appel sera entendu de tous et approuvé. L'œuvre des hospices est une des plus belles que la religion ait établies sur la terre; les infidèles eux-mêmes l'admirent. Nécessaire dans les grandes villes, elle est utile partout, même dans les plus petits villages en temps d'épidémie; ici, l'utilité d'un petit hospice a été reconnue par tout le monde; par le conseil de la commune et le bureau de bienfaisance qui l'avaient plusieurs fois délibéré à l'unanimité; par l'autorité civile de l'arrondissement, du département, du ministère qui avait approuvé ces délibérations; par l'autorité diocésaine qui avait béni cette statue au fronton de l'établissement; par mon prédécesseur, M. Larroudé, qui s'en était occupé tant de fois. Il ne s'agit donc que de continuer une bonne œuvre commencée par la volonté de tous; ce sera identiquement le même hospice, il n'y aura de changé que le local. Les pauvres en auront le bénéfice, j'en aurai toutes les peines, toutes les contradictions, les oppositions; car je prévois que j'aurai beaucoup à souffrir, le bien étant toujours couronné d'épines ; mais j'accepte d'avance le calice d'amertume et prie Dieu de me conserver la vie jusqu'au 1er janvier 1863, époque où je prends l'engagement moral d'ouvrir l'hospice aux pauvres malades. En attendant, aidez-moi de votre concours; si vous connaisez des legs pieux ou des donations déjà faites pour cette bonne œuvre, je vous prie de les faire connaître aux autorités, afin qu'on puisse les faire arriver à leur destination ; si vous êtes verbalement chargés par des défunts de délivrer quelque valeur à l'hospice d'Arudy, c'est là que vous devez en conscience l'employer. Ne dites pas : Je le donnerai aux pauvres bien portants, ou bien, aux pauvres malades de telle autre localité. Ceux d'Arudy, dans leur asile, y ont seuls droit. « Venez, vous dira un jour le Seigneur, posséder mon royaume. Vous m'avez nourri, vêtu, visité dans mes maladies.... Régnez avec moi dans le ciel. » Ainsi soit-il. »

On le voit, le curé n'avait nullement attaqué, discuté le jugement, ni les personnes. Il avait au contraire justifié, approuvé la conduite de tout le monde dans cette affaire; l'arrêt des tribunaux était déclaré juste, légitime, inattaquable. Son appel à la bienfaisance publique du haut de la chaire chrétienne, outre qu'il était nécessaire, était de plus un droit du pasteur fondé sur la nature de ses fonctions et sur l'usage immémorial de l'Église catholique, où les sermons de charité ont toujours fondé ou entretenu les hospices, les bonnes œuvres même civiles.

Monseigneur, trompé sans doute par de faux rapports, en jugea autrement. Il écrivit, le 24 janvier 1862, au curé d'Arudy la lettre suivante, qui exprime le plus grave mécontentement avec la fermeté du supérieur qui sait commander et défendre :

« Monsieur le doyen, je suis informé que, pendant plusieurs dimanches consécutifs, vous avez porté sur la chaire chrétienne une question, qui devait par sa nature lui demeurer étrangère : celle d'un hospice, dont le projet n'a pas été réalisé et au sujet duquel un jugement civil a eu lieu. La personne, en faveur de laquelle ce jugement a été rendu, aurait été désignée par vous, sinon expressément, du moins d'une manière assez significative, et un appel de réclamations contre elle aurait été fait par vous, toujours du haut de la chaire, et en des termes plus ou moins contraires à l'honorabilité et à la réputation de cette personne ; il s'en serait suivi un mécontentement général et du scandale. Tel est le fond des plaintes que j'ai reçues et pour lesquelles on m'a demandé mon consentement pour que vous soyez traduit devant les tribunaux réguliers. J'aime à espérer qu'une mesure aussi fâcheuse pour la religion et pour vous pourra être évitée ; mais le cas est très-grave ; et à défaut de citation devant les tribunaux judiciaires, le ministre pourrait bien s'en saisir et la porter au conseil d'État. Pour arrêter, autant qu'il dépend de moi, des résultats aussi funestes, je vous défends expressément, monsieur le curé, et sous toutes peines de droit, de reparler en chaire, à l'église ou dans tout autre service religieux, de l'affaire dont il s'agit, laquelle ne peut pas être l'objet d'une prédication ni d'une discussion dans l'église. Je me borne, pour le moment, à cette injonction.

« Recevez l'assurance de mes sentiments paternels,

« François, évêque de Bayonne. »

Cette défense, faite contre tout droit ecclésiastiques et civil, a toujours été respectée aveuglément par le curé durant neuf ans jusqu'aujourd'hui ; le mot même d'hospice d'Arudy n'a jamais été prononcé dans les fonctions religieuses les plus secrètes ; l'évêque en convient. Les pauvres malades ont été ainsi privés des bienfaits de la charité publique ; ils ont été abandonnés par ordre à la seule charge du doyen. Le pontife avait fait entrevoir les foudres de l'Eglise et des tribunaux laïques, en faveur des plaignants, des deux intéressés. C'étaient le vicaire et l'ennemie publique du pasteur. On est quelque peu indigné de voir un prêtre et une personne pieuse s'adresser d'emblée aux tribunaux contre leur curé-doyen, et seulement à l'évêque pour obtenir l'autorisation préalable exigée dans l'espèce par les lois. On est plus étonné encore que, dans une lettre si forte d'expression, il n'y ait pas un faible mot contre une telle conduite ; l'idée même des canons, et à plus forte raison des tribunaux ecclésiastiques, semble effacée des esprits ; c'est en ces termes que l'abbé Bergé répondit à son supérieur le 26 janvier 1862 :

« Puisque l'affaire dont Votre Grandeur me parle est une demande de justice séculière, je vous prie de daigner m'envoyer au retour du courrier les copies authentiquées par l'évêché des plaintes et de la demande, avec mention des signatures ; un accusé ne peut ni répondre ni prendre position sans communication des pièces. *Calomnié* sur un fait où je puis faire entendre des milliers de témoins, je ne crains rien personnellement ; j'aurai peut-être à gagner à un éclat, dans une affaire, indélicate en équité, au commencement, au milieu et, je le vois, à la fin, dans laquelle on a trop et injustement mêlé le nom de Votre Grandeur, afin d'en diminuer l'odieux. J'ai l'honneur... »

Son intérêt personnel étant carrément écarté par le curé dans cette lettre, restait celui de la religion, dont le pontife est juge, et celui des plaignants en faveur desquels il faisait briller des foudres. La réponse de l'évêque n'arriva jamais ; il fallut s'adresser à l'official, afin d'en avoir une quelconque.

« 3 mars 1862. — Suivant la lettre du 24 janvier de notre évêque, une demande de poursuites judiciaires contre moi a été envoyée à Sa Grandeur pour avoir parlé en chaire contre une personne, au sujet de son hospice, retiré aux pauvres par un procès contre la ville. Je répondis le 26, que je ne crains rien, que je sollicite une copie authentique de cette plainte et demande de répression. Sa Grandeur n'a rien répondu, rien envoyé. Monseigneur aura compris sans doute que mon intention était d'abréger le chemin à cette personne et au prêtre qui la conseille si bien, en les dispensant de l'autorisation préalable. Mais Sa Grandeur peut supposer que je connais les règles de conduite qui me concernent dans ce cas. Je sais qu'avant de les appeler en justice, je dois obtenir la permission de mon supérieur ou du moins le consulter ; c'est un devoir auquel je n'aurais point manqué.

« Je vous prie de faire savoir à mon évêque vénéré et bien-aimé, que

·sans aucun doute cette affaire ne pourra rester secrète, que j'y donnerai une suite nécessaire ; on a ébruité ici sa lettre du 24 janvier.

« Je suis donc forcé de solliciter la permission de *traduire* en justice
cette personne et ce prêtre. »

N'ayant pas non plus obtenu l'honneur d'une réponse, l'abbé Bergé
comprit facilement que ses accusateurs avaient retiré leur plainte judiciaire. Pouvait-il supposer que l'évêque voudrait les juger lui-même,
être juge et partie, après avoir pris leur cause en main, avec tant de
chaleur dans sa dépêche du 24 janvier ? Non. Il se tourna naturellement vers l'officialité, où l'intérêt de la religion est essentiellement
sauvegardé. Ne voulant pas laisser à ses adversaires même l'ombre
d'un prétexte, il écrivit de nouveau le 17 mars à celui qui avait au
moins le titre d'official, sinon la chose même :

« Je comprends le motif de votre silence. Sa Grandeur ne veut point
m'autoriser à poursuivre reconventionnellement ceux qui lui ont
demandé la permission de me citer en police correctionnelle. Cela posé,
prêtre et chrétien, je dois pardonner de cœur, et je pardonne.

« Mais puisque, par ce pardon, l'affaire n'est plus séculière et correctionnelle, j'offre de la rendre ecclésiastique, en citant suivant l'usage
canonique devant l'officialité. J'offre même, si Sa Grandeur l'aime mieux,
la preuve écrite et signée par tout ce que nous avons ici de plus honorable, de la fausseté de ce qu'on lui a écrit, et qui est analysé dans la
lettre du 24 janvier. — Daignez agréer..... »

Ce recours à l'officialité ne fut point agréé ; l'offre fut rejetée, et, le
20 mars 1862, l'official écrivit la lettre suivante :

« Monsieur le Doyen,
« Vous avez parfaitement deviné la cause de mon silence. Comme
Monseigneur désire que l'affaire dont vous me parlez tombe dans
l'oubli, il me semble qu'il n'y a rien de mieux à faire que de condes-
cendre aux vues de Sa Grandeur. — Recevez, cher Doyen, la nouvelle
assurance de mon affection. — Boutoey, *V. G.* »

Le 22 mars 1862, M. le curé Bergé répliqua immédiatement :

« Monsieur Boutoey,
« Je vous ai écrit que je pardonne de cœur, parce que je suis chrétien et prêtre. Pardon est le mot propre ; oubli ne l'est pas. Me rendant
au désir de Sa Grandeur, je renonce même à l'acte offert pour saisir de
cette affaire M. l'official, si compétent entre deux prêtres et une personne qui communie tous les jours. Je renonce même à envoyer les
signatures de nos plus honorables laïques. Victime d'une calomnie à

l'évêché, j'offre textuelle l'allocution que j'ai prononcée, le 5 janvier
dernier seulement, sur l'hospice d'Arudy, dont j'ai déclaré le local justement perdu pour la ville, et dont j'ai publiquement accepté la lourde
succession, avec les charges bien pénibles pour moi, voilà tout. Je
vous offre cette allocution, la seule que j'aie prononcée à l'église et
ailleurs sur cette matière ; je suis prêt à l'envoyer avec ma signature
et celle de vingt notables qui l'ont entendue. Si vous y trouvez un mot
à blâmer, je ne dis pas seulement au point de vue de la justice, mais
de la plus ombrageuse charité, j'offre les réparations, même publiques,
devant lesquelles un homme de cœur, et à plus forte raison un prêtre,
ne doit jamais reculer. Mais le public oubliera difficilement cette
affaire ébruitée, avec la lettre du 24 janvier, par des religieux et religieuses. Un chanoine a colporté dans ce canton que Monseigneur tient
la main levée sur moi, cherchant un motif canonique. Je ne crois pas
ces paroles authentiques pour notre évêque, qui sait qu'on ne lève
la main qu'à cause d'un motif trouvé. Que mes ennemis cherchent bien
dans mon présent et mon passé sur le jeu, le vin, la femme, etc. Je me
moque de leur recherches ! Ils ne peuvent trouver ce qui n'existe point;
s'ils inventaient encore, nous verrions.

« Je pardonne de cœur à tout le monde, mais à condition qu'à
l'avenir on laissera tranquillement continuer le bien à un prêtre,
frappé d'apoplexie, parce qu'il a senti vivement ces vils procédés. »

Ici tout est plein de violations des règles les plus ordinaires de la
justice. Dès qu'il voit que l'accusé peut et veut démontrer son innocence, l'évêque se retire prudemment de l'affaire par un silence gla-
cial. C'est qu'il ne peut plus solliciter pour lui l'indulgence des par-
quets et du ministère, le perdre ainsi moralement devant l'État. Il
s'abstient, et les plaignants se désistent; il se tait et son official aussi
par son ordre; il se tait au sujet de la demande des pièces nécessaires
et de la permission de recourir aux tribunaux. Si la victime allait,
sans autorisation canonique, s'adresser aux juges laïques, comme il y
aurait des canons en vigueur contre elle, et comme le bienheureux
motif cherché serait trouvé ! Mais elle a recours à l'official, au juge
ecclésiastique, institué sous d'autres noms par la sagesse de dix-neuf
siècles, pour concilier l'intérêt des individus et le bien général de
l'Église. On déclare qu'il n'y a qu'un official nominal, en éclatant de
rire de ce recours. L'official croit qu'il est prudent de céder au simple
désir de son évêque, et l'*oubli* seul est décrété, quand les faussetés
de la lettre du 24 janvier sont partout, dans un grand canton, colpor-
tées, commentées par tous les échos de la publicité épiscopale ; lors-

qu'un chanoine affirme que l'évêque, après avoir si malencontreuse-
ment levé la main, dans cette lettre, la *tenait encore levée cherchant un
motif canonique pour frapper* le curé-doyen. Quelle passion ! Peut-
on être juge des suites de cette affaire si éclatante d'injuste partialité?
Est-ce agir en homme, en évêque surtout? Ce déni public de toute
justice n'a-t-il pas été la septième cause puissante de toutes les calomnies qui furent presque immédiatement inventées contre le malheureux curé ? Qui aurait osé en créer de nouvelles, si on avait permis à
l'official un simple signe de pouvoir répressif? Les colères humiliées
du vicaire et consorts auraient-elles osé se produire par d'autres créa-
tions? N'avaient-ils pas appris avec certitude qu'on voulait forcer le
pasteur à donner sa démission, en le tenant dans toute affaire écrasé
dans ce dilemme : Expirer sans justice aucune ou s'adresser aux tribunaux laïques sans autorisation et malgré la menace des censures, de
la *main* prête à frapper? N'avaient-ils pas vu dans cet incident et la
volonté et la puissance de l'évêque pour couvrir toutes les calomnies
de son irrésistible protection? Comme l'abbé Bergé a eu raison d'exprimer le vœu que plusieurs juges ecclésiastiques, inamovibles de
tout point, soient établis dans les villes épiscopales! Grégoire XVI en
avait ainsi créé cinq dans chaque diocèse suburbicaire de Rome. Les
successeurs de saint Pierre avaient donné cet exemple ; pourquoi,
hélas! a-t-il été si peu imité ailleurs?

Dans cette situation si grosse d'orages pour l'avenir, le doyen crut
devoir aller trouver son évêque, le 6 août 1862, et lui rendre compte
de son administration. Ce fut court et facile, car la plainte au sujet
de l'hospice étant reconnue fausse, on ne lui reprochait plus que de
ne pas faire assez souvent la catéchisme. Or, il le faisait personnellement tous les jours de la semaine, et, chaque dimanche, à des centaines d'adultes. C'était notoire pour des milliers de témoins, puisque
les catéchismes sont toujours annoncés dans la paroisse au son de
deux grandes cloches. Cette seconde cause canonique échappant au
prélat, il fallut remonter à la source de ces calomnies, si légèrement
faites et si facilement acceptées en haut lieu. Cette source, c'était le
vicaire. Le curé n'ignorait pas que son ennemie d'Arudy avait remis
de fortes sommes à l'évêque pour les bonnes œuvres de son diocèse,
dont il était le caissier central et général ; qu'elle pouvait et voulait lui
en remettre de plus considérables encore, de son chef et de la part de

son neveu, novice dominicain ; qu'on parlait déjà vaguement, dans le public, d'utiles fondations en projet, soit pour Arudy, soit pour ailleurs. Quant à ce qui concerne Arudy, l'existence de ces projets est un fait certain, du domaine de l'histoire, démontré qu'il est par des négociations devenues notoires, par des lettres signées des agents, par l'aveu même de l'évêque et du parti, dans le *Pamphlétaire* de Bielle (1).

Mais tout le monde comprend quelle condition une ennemie si carrée et si puissante de l'infortuné doyen pouvait mettre à l'accomplissement de ses généreuses et chrétiennes promesses; il le sentait autant que personne. Aussi, sans déguiser son motif et cette condition, offrit-il à monseigneur le sacrifice spontané de sa position tout entière, en donnant sa démission pure et simple, en faveur de laquelle il insista longtemps. Elle fut refusée en ces termes : « Je vous veux encore « dans cette paroisse. » Quelle faute dans ce refus d'une démission honnête, sans flétrissure, alors qu'on la laissait ou faisait provoquer ignoble par des moyens sans nom ! « *L'évêque*, avait dit le chanoine, « *tient la main levée, cherchant un motif canonique pour frapper le* « *doyen.* » C'est ce que confirmera un saint prêtre, témoin dans l'affaire, en disant au curé et ensuite à la justice : « On vous a épié et « surveillé toute l'année 1862, même dans vos moindres paroles. On « n'a pu rien trouver en vous de répréhensible. » Cette police de surveillance, confiée au vicaire et à ses affidées du *tiers désordre*, fit en effet oralement son rapport officiel par des envoyées à l'évêque en tournée pastorale au séminaire d'Oloron-Sainte-Marie, vers la mi-octobre. Ces purissimes béates reprochaient à leur pasteur de les négliger dans leur congrégation et de prodiguer ses sueurs en faveur du bien de la jeunesse; d'avoir dit en chaire que *les oiseaux du ciel et les renards ont des nids et des repaires,* mais que *Jésus n'avait pas où reposer sa tête;* d'avoir dit aux Filles de Marie : *Si vous ne venez pas vous instruire, vous serez ignorantes jusqu'à l'époque de votre mariage.* L'autorité répondit que ces vétilles auraient seulement l'effet d'égayer le ministre des cultes, dont le concours était nécessaire, mais qu'il verrait d'un autre œil une affaire de mœurs !!! C'était en effet le troisième motif canonique qu'on attendait, et dont le vicaire

---

cherchait inutilement à créer les bases depuis deux ans, même dans ce que le saint ministère a de plus sacré et de plus secret. Le mot avant-coureur était prononcé. Le poignard de la calomnie, qui tue le prêtre, allait suivre de près. Quelle horreur, grand Dieu! refuser une démission, pour avoir ou pour donner la satisfaction de la forcer par des crimes! poser ainsi la huitième cause de scandales sans nombre et d'incalculables malheurs pour les familles, la paroisse, le diocèse, la religion, la société! Est-ce d'un évêque, d'un homme même? L'enfer n'a-t-il pas ainsi aveuglé?

Avant de passer aux effets de ces causes, nous les résumons succinctement. Qui a placé le vicaire d'office? L'évêque. Qui l'a mis dans une dangereuse maison? L'évêque. Qui a fait choix d'un vicaire si dangereux lui-même à raison de sa nature et de ses antécédents? L'évêque. Qui l'a poussé à la calomnie, ou du moins l'y a encouragé ou toléré chaque jour? Un vicaire général; mais en fait et en droit, toléré lui-même ou encouragé par l'évêque! Qui leur a donné pour auxiliaires le chanoine et son parti? L'évêque encore. Qui a jeté le tiers ordre d'Arudy en partie dans ce camp? Toujours l'évêque. Qui a mis le curé dans la disgrâce de l'administration civile, par l'ordre modifié en secret d'une grande cérémonie publique, par les calomnies qui en ont suivi l'exécution, et par une attaque injuste devant les tribunaux et le ministre, restée sans solution aucune? C'est aussi l'évêque. Qui a refusé d'accepter la démission du curé et d'enlever ainsi le prétexte secret, mais vrai, de sales calomnies et d'affreux malheurs? Personne que l'évêque. Qui a tenu la main levée bien haut sur un innocent reconnu, et qui a provoqué ainsi de nouveaux mensonges? Nous sommes forcés, hélas! de répondre toujours..... l'évêque! Le coupable des causes ne l'est-il pas des effets? Passons aux lugubres suites de si déplorables précédents.

CHAPITRE II.

LES CALOMNIES DE MŒURS.

Pour établir l'innocence complète du curé-doyen, il suffit de citer textuellement les jugements qui l'établissent, et qui démontrent aussi la culpabilité du vicaire, son principal calomniateur. Les voici, en commençant par celui du tribunal d'Oloron, du 19 août 1864 :

« Attendu que les inculpations dirigées contre le curé d'Arudy sont évidemment calomnieuses : en premier lieu , parce qu'aucun des faits révélés contre lui n'a pu être établi, et qu'il résulte au contraire de l'information, et notamment de la déposition de M. le maire de la commune, que ces faits avaient été travestis, dénaturés à plaisirs, et que, loin d'être blâmables, ils étaient tous dictés par l'intérêt bien entendu de la morale et de la religion ; et en second en, parce qu'en supposant vrais tous les faits qui ont été mis en avant, soit dans la dénonciation, soit dans l'information, il est certain, évident pour tous, qu'ils ne pourraient faire dire du curé d'Arudy qu'*il est la honte du clergé*, etc. ; que sous tous les rapports donc les imputations sont calomnieuses ;

« Attendu que l'intention de nuire et la mauvaise foi sont aussi évidentes : qu'en effet les tracasseries, et l'on peut dire les persécutions, de toute nature dont le curé d'Arudy est l'objet, depuis que le vicaire Espagnolle est dans la commune, les accusations les plus infâmes qu'on n'a cessé de diriger contre lui ou publiquement ou dans des dénonciations depuis cette époque, les moyens frauduleux employés pour surprendre des signatures parmi les gens les plus illettrés et les plus simples d'Arudy, comme pour donner quelque gravité à la dénonciation ; l'objet avoué à quelques gens par les colporteurs de cet écrit, qu'il était fait pour amener *le changement du curé* : tout prouve l'intention de nuire de la part des auteurs ou instigateurs de cette dénonciation, en même temps que leur mauvaise foi, car nul dans la commune ne pouvait ignorer que les faits qu'on alléguait n'étaient pas vrais, qu'ils étaient dénaturés dans une intention méchante, et, que dans tous les cas, ils ne pouvaient légitimer les accusations portées contre le digne curé d'Arudy ;

« Attendu, quant au vicaire Espagnolle, que toutes les circonstances du procès donnent au tribunal la conviction la plus intime qu'il est, sinon l'auteur, du moins l'instigateur et l'âme de la dénonciation incriminée ;

qu'en effet il est de notoriété publique que ce prêtre avait voué à son supérieur une haine implacable, qui paraît avoir pour cause la suppression de sa part dans le casuel, que dans sa charité le doyen voulait consacrer au soulagement des pauvres ; — qu'il est encore démontré que ce n'est que depuis l'arrivée du prévenu dans la commune qu'ont commencé les embarras, les tracasseries suscitées au curé, et les dénonciations de toute espèce dont il n'a cessé d'être l'objet ; — que jusque-là le curé avait été entouré du respect et de l'affection de tous, non-seulement à Arudy, mais dans toutes les communes qu'il avait desservies ;

« Attendu que ces dénonciations, qui bientôt ne respectèrent plus même les mœurs de ce digne prêtre, prirent un tel caractère que le chanoine Saupiquet fut chargé de faire une enquête officieuse sur ses mœurs; mais que ne recueillant à cet égard que des renseignements on ne peut pas plus favorables, il dit devant M. le curé de Bescat, qui en a formellement déposé : *Je crains que le vicaire n'aille trop loin, ou je ne sais pas si le vicaire ira trop loin;* » ce qui prouve évidemment, malgré les réticences apportées par quelques témoins dans leurs dépositions, que c'était bien le prévenu qui était l'auteur de tous les rapports honteux adressés probablement à l'autorité ecclésiastique supérieure ;

« Attendu que vers la même époque le curé de Buzy dit à son collègue de Bescat que *les fers chauffaient à Arudy, que l'on voulait attaquer le curé au point de vue de ses mœurs et que l'on cherchait un fait pour* LE DÉNONCER AU MINISTRE ; or, qu'il ne peut y avoir de doute sur celui qui cherchait à souiller ainsi la moralité du prêtre dont il semblait avoir fait sa victime, quand on rapproche ses propos de ceux tenus par le chanoine Saupiquet et que l'on surprend le prévenu chercher, en effet, un fait qui pût compromettre à ce point de vue le doyen d'Arudy ;

« Que de la déposition de la femme Carrère-Cousté il résulte qu'elle serait allée, un jour, trouver le vicaire dans son confessionnal pour lui rapporter, en confidence, une conversation plus ou moins vraie, plus ou moins sérieuse, qu'elle aurait eue avec la femme Arrouyé, qui lui aurait dit : « *Que les prêtres étaient comme les autres hommes, qu'ils avaient leurs passions et leurs maîtresses; que le curé d'Arudy ne faisait pas exception à la règle, qu'il lui aurait dit à elle-même qu'il avait les passions vives et que pour mortifier sa chair il portait un silice,* etc., etc. ; » — Qu'après avoir reçu cette confidence en confession, le prévenu avait dit à cette femme d'aller lui redire chez lui ce qu'elle venait de lui confier ; que celle-ci y était allée, avait répété tout ce qu'elle avait dit et que le vicaire avait mis par écrit sa déclaration *en lui disant qu'il allait l'adresser à son évêque;* — Que ce fait qui n'a pas été sérieusement démenti par le prévenu dans son interrogatoire à l'audience acquiert plus de gravité et montre quelles étaient les intentions dudit prévenu, quand on songe que quelques jours après un gendarme qui a des relations continuelles avec lui, se présentait chez la même femme, lui imposait par des menaces de lui faire les mêmes confidences dont il prenait aussi note, qu'il exagérait même, et qu'il se rendait aussi chez la femme Arrouyé pour lui demander si le curé n'allait pas chez elle, si elle n'allait pas chez lui ou si elle ne le rencontrait pas quelque part ; — Que la conduite étrange du gendarme dans cette affaire, cette circonstance, qu'il n'avait pu connaître que par le vicaire la confidence que la femme Carrère-Couslé lui avait faite, les hésitations, l'invraisemblance de ses explications, ses relations avec le vicaire, tout établit qu'il n'était que l'agent de ce dernier; qu'il lui servait d'instrument pour chercher la preuve des relations du curé avec la femme Arrouyé, de manière à pouvoir le dénoncer à l'autorité compétente ;

« Q'un autre fait encore plus grave est celui qui est rapporté par le témoin Flavie Miramon, qui déclare que le vicaire, son confesseur, abusant de son autorité, voulait lui faire dire dans le confessionnal qu'elle avait des relations criminelles avec le curé; que ne voulant pas convenir d'un fait qui était complétement faux, l'absolution lui avait été refusée; que, plus tard, et alors qu'elle avait, pour des motifs que l'on comprend, abandonné le confessionnal du prévenu, elle avait reçu une lettre anonyme dans laquelle l'auteur lui reprochait ces *mêmes relations criminelles avec un homme qui portait la même robe que lui, l'engageant à aller le trouver au confessionnal pour lui faire l'aveu de ses fautes, ou à lui écrire, ou à aller le trouver chez lui dans cet objet;* — Que le témoin n'hésita pas à attribuer cette lettre au prévenu et qu'il ne peut, en effet, y avoir aucun doute à cet égard, si l'on en rapproche les termes de toutes les autres circonstances révélées par elle et de la déposition de sa sœur, la demoiselle Louise Miramon, qui déclare aussi que dans plusieurs circonstances le prévenu lui avait parlé des relations de sa sœur avec le curé et qu'il l'avait même engagée à les *surveiller et à lui en rendre compte,* — que la moralité de ces témoins, attestée par le maire de la commune, ne permet pas, d'ailleurs, de suspecter la sincérité de leurs déclarations ; qu'il est donc certain que le prévenu cherchait par tous les moyens, même les plus honteux et les plus répréhensibles, un fait qui pût lui permettre d'incriminer les mœurs de son supérieur ;

« Attendu que l'information a pu révéler encore à la charge du prévenu qu'il participait à toutes les dénonciations qui étaient faites contre le curé; qu'ainsi de la déposition d'un témoin, le sieur Capdevielle, il résulte que le vicaire avait connaissance d'une dénonciation infâme contre le curé qui lui fut adressée par la poste, avec demande de la faire signer par cent cinquante ou deux cents personnes, et de l'adresser ensuite à monseigneur l'évêque, puisque le prévenu lui faisait demander cette dénonciation en communication, quatre ou cinq jours avant qu'il ne la reçût, et alors que le témoin ignorait complétement qu'il dût la recevoir ;

« Que, de la déclaration de la prévenue femme Cazeaurang, il résulte que le vicaire, dans une circonstance, l'avait chargée d'aller prendre chez la femme Builhé-Laplace une dénonciation contre le curé, et de la faire signer par quelques Enfants de Marie et de la lui rapporter chez lui ; que, n'ayant pas obéi à cette première invitation, le vicaire la sollicita de nouveau, et que cette fois-ci elle fit signer cette dénonciation et la rapporta chez le prévenu ;

« Que sa participation, aux dénonciations faites contre le curé est donc certaine, ce qui rendrait déjà vraisemblable celle qu'on l'accuse d'avoir prise à celle qui est incriminée ;

« Mais que des faits plus directs établissent cette participation ;

« Qu'en effet, Marie Cassebonne-Lapeyre fait connaître que pendant qu'elle était domestique chez mademoiselle Pouts, dans la maison de laquelle demeurait le vicaire, et cela dans le mois de décembre mil huit cent soixante-trois (époque de la dénonciation incriminée), elle avait souvent entendu le vicaire tourner en ridicule son curé, l'appelant *roi de Prusse, disant qu'il lui mangerait le nez*, en faisant des gestes comme s'il voulait briser quelque chose ;

« Que, presque tous les jours, *le curé Médevielle* et plusieurs femmes, parmi lesquelles le témoin a reconnu à l'audience la femme Jeanne-Marie Bergé, dite Baroquette, l'agent principal pour le colportage, allaient visiter le vicaire ; qu'au commencement de janvier, le vicaire paraissait très-impatient de recevoir une lettre, et que quand il l'eut reçue, il s'écria : Trotte, trotte, roi de de Prusse, toi qui as tant fait trotter les autres ; » ce qui se rapporte évidemment au curé, et probablement à la dénonciation qui avait été envoyée contre lui, et qui devait lui susciter des démarches et des désagréments; que la prévenue femme Cazeaurang , quelques jours avant que Mariote Baroquette lui eût remis la dénonciation incriminée pour la faire signer, le vicaire lui avait dit en confession, d'aller prendre un papier chez l'abbé Médevielle, et de le faire signer. Or, qu'il ne peut être douteux qu'il s'agit de la dénonciation, et qu'il y a dès lors dans ce fait la preuve certaine qu'il s'en occupait directement, et jusque dans les endroits les plus saints et les plus sacrés; qu'il y a plus encore, il résulte de la déposition de la femme Souviron, qu'à l'époque où Mariote et la femme Cazeaurang colportaient la dénonciation incriminée: elle a vu ces deux femmes et la sœur de l'abbé Médevielle sortir souvent et quelquefois au point du jour de la maison habitée par le vicaire; or le but de ces visites réitérées ne saurait être douteux, quand on songe que ces trois femmes étaient avec l'abbé Médevielle, les agents les plus actifs pour recueillir les signatures sur la dénonciation incriminée; que le même témoin ajoute qu'il a vu les mêmes femmes sortir de chez le vicaire, quand M. le commissaire de police procédait à une enquête sur cette dénonciation ; que c'est là encore une coïncidence significative, l'enquête à laquelle on se livrait devant nécessairement préoccuper tous ceux qui s'étaient occupés de cette dénonciation ;

« Attendu que l'opinion publique ne se trompait pas non plus sur l'auteur ou l'instigateur de toutes ces dénonciations, et que M. le maire de la commune déclare en effet que, quant à lui, il croyait que la véritable officine de toutes les calomnies dirigées contre le curé, se trouvait chez son vicaire; que c'était là aussi l'opinion générale dans la basse classe de la société, ainsi qu'il est établi par les dépositions de la veuve Poulou et du témoin Lahouratate ; qu'enfin, et s'il fallait encore une présomption plus concluante, on la trouverait dans le silence gardé par l'abbé Médevielle, alors que, sommé plusieurs fois à l'audience de déclarer que ce n'était pas le prévenu Espagnolle qui lui avait remis ou fait remettre la dénonciation dont s'agit, il s'est tû comme s'il craignait de commettre un nouveau mensonge ; qu'il y a dans toutes ces circonstances un ensemble de preuves qui ne permettent pas au tribunal de douter que le prévenu Espagnolle est l'auteur de la dénonciation incriminée ou que tout au moins il en a été l'instigateur et qu'il s'en est rendu le complice, en donnant les instructions et en procurant les moyens pour la faire, et de plus, en aidant et assistant les auteurs avec connaissance dans les faits qui l'ont préparée, facilitée ou consommée;

« Qu'il y a donc lieu de le déclarer coupable et de le punir avec d'autant plus de sévérité qu'il a manqué à tous ses devoirs comme homme et comme prêtre; qu'il paraît avoir obéi sans motif et par instincts mauvais, et que par ailleurs il aurait, suivant la déposition du témoin Bernis, l'habitude de ces dénonciations aussi lâches que calomnieuses. »

Par arrêt en date du 4 décembre 1864, la cour impériale de Pau confirma ce jugement du tribunal correctionnel d'Oloron. Aucune révélation, aucun indice n'est venu l'infirmer, même légèrement ; on a au contraire découvert et constaté légalement que l'élève de latinité du vicaire, âgé de quatorze ans, avait écrit de sa main, copié la dénonciation incriminée. Flavie Miramon, dont la conscience torturée par un sacrilége calomniateur, avait si énergiquement repoussé le mensonge, a protesté non moins fortement contre une fausse lettre portant son nom, adressée en 1870 à l'administrateur intérimaire du diocèse, et rétractant sa déposition. Deux magistrats, anciens experts assermentés en écritures, déclarèrent en outre que cette lettre n'avait pas été écrite par une femme. Son témoignage est confirmé et multiplié aujourd'hui par un nombre incroyable de personnes, qui furent soumises par le vicaire aux mêmes indignes procédés et qui lui firent les mêmes réponses ; ce misérable, presque dès son entrée dans la paroisse, dès 1864, avait installé la calomnie dans l'auguste tribunal d'un sacrement divin et salutaire. Cette date est établie par une lettre d'une dame honorable aujourd'hui domiciliée à Madrid. « L'infâme, s'écrie-t-elle, que pou- « vais-je lui répondre ? Je lui dis le *non* le plus énergique, la déné- « gation dictée par la vérité et par toute ma conscience, je quittai son « confessionnal et je m'en éloignai pour toujours. »

Ainsi ce jugement, qui a force de loi depuis huit ans, loin d'être infirmé le moins du monde par quelque petite découverte, est au contraire confirmé à nouveau. Nous n'avons pas besoin de parler du calme profond qui a succédé aux agitations de la paroisse, depuis sept ans que le vicaire agitateur en est parti.

Par conséquent, ce jugement est un principe incontestable qui doit présider à la discussion de cette affaire, et dont nous devons d'abord indiquer quelques conclusions immédiates. L'évêque et sa cour, ayant toujours protégé, approuvé le vicaire, sont depuis neuf ans dans le faux, dans la calomnie ; leur conduite est non-seulement contraire à la loi, à l'autorité de la chose jugée, mais encore à la conscience publique. Ils luttent depuis neuf ans contre la vérité, qui a condamné un grand coupable ; ils soutiennent en lui et semblent approuver la violation sacrilége des plus sacrés devoirs de l'homme, du prêtre, du subalterne. Telle, pour abréger, est la position qu'ils ont prise et qu'ils maintiennent devant l'Église et la société, détruisant virtuellement l'une et l'autre. Que dirons-nous de leurs persécutions continuées sans cesse contre celui que la justice, la loi, la vérité, l'opinion proclament innocent ? Se montrent-ils animés de l'esprit d'une Église divine, qui flétrit l'impénitence des coupables, et qui tend la main à l'innocence constatée ? Si le souverain Pontife les laissait persévérer dans cette voie antichrétienne, que ne diraient pas avec raison nos sectaires et nos libres-penseurs ?

L'aveuglement le plus complet ou la complicité la plus criminelle, ou ces deux choses réunies, peuvent seules expliquer cette persévérance dans les quatre phases diverses qui l'ont signalée et que nous allons parcourir. En premier lieu, c'est l'évêque d'abord, puis le

vicaire, qui ont donné le branle à cette lugubre affaire, d'après le jugement lui-même et d'après l'instruction qui l'a précédé. Ils l'ont créée
eux-mêmes en faisant faire les premiers deux enquêtes, en novembre
1862 et en janvier 1863, par un chanoine et par un gendarme ; ils ont
rendu nécessaires, par ce fait, celles de l'archiprêtre, du 20 janvier,
et du commissaire de police, du 14. *Quid de moribus*? est la question
officielle adressée au chanoine dès son retour à Bayonne. Par le vicaire
général, dites-vous. Mais en fait et en droit pouvons-nous le séparer
de l'évêque? N'avons-nous pas prouvé cette impossibilité? S'il était
innocent de ce triste début, ne devenait-il pas coupable ensuite dès
son premier pas personnel? La vérité lui arrive claire, frappante,
avant le 26 janvier. L'enquête du chanoine est venue lui prouver que
le vicaire va ou *ira trop loin;* celle du gendarme, par les résultats
négatifs, que le corps du délit n'existe point; celle de l'archiprêtre,
que le vicaire est coupable, le curé innocent; celle du commissaire,
que le premier est pris dans son piége, et le second justifié par les
personnes même dont on espérait obtenir une accusation légère et
sans portée. Le 26 janvier, on avait l'évidence même, et, le 26 janvier,
l'évêque ordonne l'étouffement par une dépêche authentique du télé-
graphe. Il n'ose plus parler d'*oubli*, après avoir causé lui-même un
bruit calomnieux effrayant; mais il refuse au calomnié toute mesure
administrative, toute justice religieuse ou civile; tout, excepté l'étouffement. Le coupable peut-il agir d'une autre manière? Son second
pas est aussi accablant : il commence la deuxième phase des évolu-
tions du pontife dans cette calomnie, et révèle le but de ses *oublis*,
de ses *étouffements*, si justement décrétés. C'est la démission, mais
ignoble et forcée ; elle est insinuée officiellement par l'archiprêtre qui
était allé à Bayonne chercher une solution bien différente, savoir. la
justification complète du doyen, la *vengeance même, si ce mot était
chrétien* (1). La démission lui était rondement conseillée, en outre,
par le supérieur du grand séminaire. Celui-ci déclarait que ni *monseigneur, ni son vicaire général, ne lui avaient point parlé de ces
affaires*. Il lui échappait cependant de dire qu'*il y avait contre lui des
dénonciations si graves qu'il ne pouvait pas y croire* (2), d'après le
vicaire général.

---

(1) 23 avril 1863.
(2) 8 avril et 23 avril 1863.

Ces deux demandes de démission, écrites toutes le 23 avril et par le motif de *dénonciations très-graves*, adroitement mises en avant, révélaient une situation nouvelle de l'évêque. Le vicaire, son agent autorisé d'Arudy, traqué et dévoilé dans sa calomnie par tant d'enquêtes menaçantes, avait procuré au prélat une pièce essentiellement secrète, sans danger de répression, à raison de son horrible nature et des profondes ténèbres dont on l'enveloppait soigneusement. Elle était l'œuvre infâme d'une jeune ex-religieuse, compagne assidue tous les jours du vicaire, assez jeune lui-même, et bien connue du public comme une de ses plus intimes affidées. Par le motif de cette intimité profonde, on avait lieu d'espérer que cette personne ne s'inscrirait jamais contre ce qu'elle avait eu l'audace d'écrire et de signer. Personne, sans excepter le curé, n'aura connaissance de cette abominable lettre jusqu'en 1871 ; il en sera ici question plus bas sous cette date. Elle avait été signée à Arudy, et reçue par l'évêque en mars 1863. Elle devait sauver les coupables et perdre le curé, dans le huis clos du ministère des cultes et des tribunaux ; ce factum, soigneusement caché, permettait de dormir à tout événement sur le doux oreiller de la sécurité. On pouvait sans crainte laisser le curé aller aux juges laïques, au ministère, à l'archevêque, au souverain Pontife ; il irait aveuglément s'y briser. Quel crime ! Cependant, cette pièce en main, on le déclarait innocent ; voici ce qu'écrivait, en effet, l'archiprêtre en avril, même après qu'on l'avait depuis longtemps reçue : « Le silence de monseigneur ne tient point à ce qu'il vous croit coupable; il m'a écrit formellement le contraire (1). »

« Monseigneur lui-même ne vous croit point coupable (2). » « Le curé est innocent, le vicaire est coupable ; cependant je ne prendrai aucune décision (3). » Puis c'était l'évêque lui-même :

« J'avoue votre innocence, je l'ai écrit, c'est mon opinion bien fondée (4). »

« Je ne puis croire le doyen coupable des crimes qu'on lui impute (5) en matière de mœurs. »

---

(1) 2 avril 1863.
(2) 3 avril 1863.
(3) Paroles de l'évêque à l'archiprêtre, 15 avril 1863.
(4) 14 mai 1863, paroles de l'évêque au doyen.
(5) Le supérieur du grand séminaire, 23 avril 1863.

« M. le curé d'Arudy est innocent », disait l'évêque en mai 1863, dans plusieurs sociétés de l'arrondissement de Pau, où il faisait sa tournée de confirmation.

Ainsi le prélat était convaincu de la fausseté des allégations de cette pièce, puisqu'il déclarait l'innocence du curé, après l'avoir reçue, et néanmoins il lui faisait demander de se condamner lui-même en donnant sa démission. Est-ce tout à fait la logique de la justice et de la vérité? N'est-ce pas plutôt celle de la complicité? On le comprenait bien en haut lieu, puisque, se cachant soi-même, on faisait insinuer et conseiller cette mesure, sans l'ordonner. En sûreté derrière une infamie, on ne craignait plus de découvrir le but. Ici tout commentaire serait superflu.

Nous n'essayerons pas de décrire les effets pour le curé et sa paroisse d'une décision si juste et si bienveillante ; le lecteur les devine suffisamment, ils sont ineffables dans leur triste horreur. Mais quels pitoyables prétextes le prélat allégua, le 14 mai 1863, pour expliquer cette mesure et son système d'étouffement! *L'étouffement d'une calomnie de mœurs*, ébruitée par lui-même dans tant d'enquêtes, et qui était rapidement parvenue dans tout le département à une effrayante publicité! *L'état maladif du curé*, causé et aggravé par ces infamies et que l'on voulait guérir en l'y tenant toujours plongé! *La crainte d'une insurrection d'Arudy*, qu'on essayait sans cesse, mais en vain, de provoquer depuis quatre mois, en tout lieu et même à l'église! Le futile motif *du refus d'encenser* le vicaire à *Magnificat*, refus d'ailleurs qui, de la part du curé au moins, n'avait jamais eu lieu ! La *justice saisie de cette affaire*; quand la justice même, par tous ses organes autorisés, priait l'évêque de supprimer ce scandale et de rétablir l'ordre public des esprits, en déplaçant le vicaire coupable ; quand tous les prêtres éminents du diocèse lui adressaient la même prière ; quand le conseil de fabrique et les autorités locales d'Arudy lui exprimaient le même vœu; quand le curé-doyen le sollicitait à cor et à cris; quand le bon sens le plus vulgaire indiquait la nécessité de cette mesure! Quel droit avait-il de la refuser? Les canons, la loi civile? Mais ils font essentiellement du vicaire un suppléant, un auxiliaire du curé; ils obligent formellement l'évêque à le retirer, dès qu'il est devenu un embarras et un adversaire, à plus forte raison un calomniateur avéré. Ce refus serait sans criminalité ; et l'on prétendait que le refus d'un peu d'encens et de fumée donnait le droit d'étouffer dans la boue le malheureux curé, même de l'occire par un interdit? Non, non ! Ce refus sans droit, contre tout droit, malgré tant de prières, fait obstinément durant une année et demie, est plus qu'un délit devant la jurisprudence. Devant le morale, alors qu'on avait lieu d'en attendre le retentissement des tribunaux, et le scandale des âmes sur une vaste échelle, alors qu'au contraire la faible concession sollicitée par tous rendait ces malheurs impossibles, c'était une trop longue absence de tout sentiment religieux. Comment pourrait-on élever ensuite la prétention de juger soi-même ou par son official les conséquences de ce refus? La vraie justice n'a-t-elle pas d'autres délicatesses ?

Cette deuxième phase, savoir : l'étouffement dans la publicité, la démission du curé sans le déplacement du vicaire, devait nécessairement en amener une troisième avec ses enseignements. Car la logique est impitoyable, et les fausses positions devant le public ne sauraient tenir, surtout quand on croit pouvoir les changer impunément. C'était le cas pour l'évêque ; le 14 mai 1863, Sa Grandeur permit en ces termes au curé-doyen de citer les calomniateurs de ses mœurs devant les juges laïques :

« Je ne m'oppose pas, non, à ce que vous portiez l'affaire devant les tribunaux ordinaires. Mais vous n'êtes pas sûr du triomphe; vous pouvez vous y briser. On n'arrive pas facilement jusqu'aux juges de la terre; ils ne rendent pas toujours justice; dans ce cas, je vous interdirai ; oui, je vous interdirai ! »

Faisant ensuite lui-même le commentaire officiel de ces graves et solennelles paroles, il déclarait à tous ceux qui osaient lui dire les récriminations de l'opinion contre l'étouffement, qu'il *avait permis au curé d'avoir recours à la justice séculière.* Il confirmait enfin ces déclarations orales par une lettre toute écrite de sa main :

« Par votre lettre du 28 avril dernier, vous m'informez de la détermination que vous auriez prise concernant une action judiciaire contre quelques-uns de vos paroissiens. Je n'ai aucune peine à comprendre ce que vous me dites, savoir que votre esprit a été agité et votre cœur horriblement déchiré à la pensée d'une action publique contre de telles personnes ; et je vous engage, comme je crois l'avoir déjà fait, à renoncer à ce projet, *dont l'exécution pourrait agiter encore davantage votre esprit et affliger votre cœur.* Recevez, etc. (1). »

---

(1) Lettre de l'évêque, 3 mai 1863.

Or voici les termes mêmes de la consultation du curé, qui avait provoqué cette réponse :

« La religion est de Dieu, et les vains discours des hommes ne peuvent rien contre elle. Si je me trompais, si vous en jugez autrement; je pourrais faire encore le dernier des sacrifices, celui de mon honneur, en me désistant d'une action judiciaire que je vais commencer lundi prochain (1). »

Ainsi consulté encore une fois sur l'intérêt de la religion dans la publicité des tribunaux, l'évêque l'écarte, ne s'oppose pas non plus cette fois à ce point de vue dont il est juge. Il n'expose que des prétextes, *les agitations d'esprit et les afflictions de cœur*, inséparables de ce procès, mais qui devaient être bien plus vives et plus longues, en demeurant sans solution d'aucune sorte, au sein de l'étouffement. Ce n'était pas un frein que cette réponse, c'était un aiguillon. Quand le prélat voulait faire une défense, il savait certes s'exprimer autrement. On ne l'a que trop vu dans sa lettre déjà citée du 24 janvier 1862. Pouvait-il vouloir qu'on devinât une défense sous de telles permissions? Mais cette prétention érigée en principe, comme le parti l'a tenté dans le *Pamphlétaire* de Bhielle, serait la ruine du clergé, du peuple, de l'armée, de la magistrature, de l'administration. Car aucune obéissance n'est possible sans la clarté et l'expression formelle d'un commandement. L'obéissance sans ordre, au moins implicite, n'est pas même celle des religieux et des couvents. C'est l'abaissement de certaines castes orientales, qui adorent leurs maîtres et cherchent à deviner leurs intentions, au risque de perdre la vie en se trompant.

Non-seulement l'évêque permit l'action judiciaire et y poussa par la nature de ces réponses, mais il la rendit en outre absolument nécessaire et plus que légitime. Car, au sein d'indicibles avanies sans nombre, la patience du doyen ne s'était pas démentie un instant ; autorisé à se porter partie civile, il hésita une année. C'est pourquoi, connaissant sans aucun doute les intentions du prélat, sachant qu'il voulait pousser en avant, le vicaire envoya au ministre de la justice et des cultes une dénonciation portant la date du 10 décembre 1863, et vingt-cinq signatures; c'est celle qui a été incriminée dans les jugements cités plus haut. L'évêque, consulté suivant l'usage de France

---

(1) 28 avril 1863.

par le Gouvernement au sujet de cette plainte, y donna son adhésion et sa promesse de révoquer le curé, avec le concours du ministre. Sa lettre a été vue au dossier de l'affaire ; elle doit y être encore, au greffe de la Cour d'appel.

Quelle passion, mais aussi quelle déconvenue dans cette demande au sujet d'une infâme dénonciation calomnieuse, si vite abandonnée par tous les signataires et si justement flagellée par les tribunaux ! L'enquête administrative, qui est de droit avant la révocation des curés inamovibles, ne se fit pas attendre longtemps. Mais elle fut la justification complète de l'innocence du doyen, faite par les accusateurs et les signataires eux-mêmes. C'était assurément le moment pour l'évêque d'ouvrir enfin les yeux à la lumière, s'il avait été trompé, de prendre une mesure quelconque, et d'empêcher ainsi le retentissement des tribunaux. Le curé et tous ses amis ne demandaient encore que le déplacement du vicaire, et, au dernier moment, que la simple séparation du calomniateur et de sa victime, de leurs fonctions communes dans les mêmes autels, quoique continuant à travailler dans la même église. Le prélat ne sut faire répondre que par une nouvelle demande de démission, sans mesure, sans solution d'aucune sorte. C'était assurément le cas ou jamais de la nécessité d'aller aux tribunaux, sur les traces des Sixte III, des Ignace et de tant d'autres saints. Ayant à choisir entre le martyre des ténèbres ignominieuses et le martyre de la lumière, le curé préféra ce dernier ; et, comme la vérité l'exigeait, ses calomniateurs succombèrent. On n'osa, on ne put produire aux juges, même en secret, l'infâme lettre de l'ex-religieuse. Vaincue par sa conscience malgré ses affections, elle l'avait complétement rétractée par écrit auprès de l'évêque et par sa déposition sous le serment dans l'information judiciaire, elle avait déclaré le curé innocent dans ses mœurs.

Voilà donc un évêque qui a revendiqué le droit d'interdire son prêtre pour avoir demandé son honneur à la justice ; tandis que c'est lui, comme homme et comme évêque, qui non-seulement le lui a permis très-formellement, mais qui l'y a explicitement poussé, qui l'y a forcé même par le refus obstiné de toute autre justification et de toute mesure même la plus élémentaire d'ordre public et d'administration. Voilà un évêque qui, ne pouvant obtenir la démission honteuse de son prêtre, veut qu'elle soit contrainte par le concours de l'autorité laïque invoquée d'abord par les siens et ensuite par lui-même. Voilà un évêque, qui ne se borne pas à faire une violence morale d'honneur, la plus décisive pour un cœur élevé, mais qui l'a fait matérielle même, au sujet de la pension que paye l'État aux prêtres en exercice. Voilà un évêque qui a dit jusqu'à la fin : Sacrifiez votre réputation et votre pain, ou bien allez au piége qui vous est préparé devant les tribunaux, par une lettre abominable, dont je connais cependant la fausseté ! Comment, après tant d'illégalités, d'injustices, de partialités, de délits, oserait-il revendiquer le droit de juger dans cette affaire par lui-même ou par quelqu'un des siens? Il l'a osé. On l'a vu condamner hautement par plusieurs actes et l'innocent et les tribunaux. C'est sa quatrième phase dans la calomnie des mœurs.

Au moment même où le vicaire sortait du tribunal, condamné à six mois de prison, on lui remit et il montra une dépêche télégraphique ainsi conçue : « Si condamné, appel immédiat; vous serez soutenu à « Pau, H... vicaire général. »

Ainsi, descendant dans l'arène comme un avocat, un plaideur, un complice vulgaire, Monseigneur ne paraît pas avoir de supérieur ecclésiastique qu'il doive consulter lui-même avant de lancer ce scandale au chef-lieu du département, où résident tant de sectes dissidentes et tant d'esprits hostiles ou indifférents; la main qui a jeté, dirigé, poussé, prescrit ces débats au tribunal de première instance se montre à découvert par la forme du commandement, sans consultation préalable, dont elle ne laisse pas même le temps au condamné. Il faut, on ordonne que ces scandaleux débats soient renouvelés à Pau, en cour d'appel. Afin d'être obéi sans hésitation, on promet de protéger le coupable, de le *soutenir*, soi-même, sans se cacher, et en personne. L'accomplissement de cette promesse ne se fit point attendre :

« Nous, évêque de Bayonne, avons jugé devoir retirer, et retirons en effet par ces présentes le titre et les pouvoirs de doyen du canton d'Arudy que nous avions conférés à M. l'abbé Bergé, curé dudit Arudy, lui faisant expresse défense d'user à l'avenir dudit titre et desdits pouvoirs.

« Donné à Bayonne, sous notre seing, le sceau de nos armes, et le contre-seing de notre secrétaire, le 3 septembre 1864 (1).

« FRANÇOIS,
« Evêque de Bayonne. »

« PRANCHISTÉGUY,
« *secrétaire.* »

Les démarches personnelles et les déclarations orales du prélat suivirent de près cette ordonnance. Dès le 11 septembre 1864 on l'avait
vu lui-même faire des visites insolites autour de la cour d'appel ; il
avait dit au clergé de Pau, puis à des laïques, que « *le vicaire était*
« *innocent; qu'il avait retiré au curé ses pouvoirs* de doyen, que
« *quant à ses pouvoirs paroissiaux*, il verrait. » Le vicaire avait
ajouté de son côté : « Je suis sûr d'être relevé par la cour de la peine
« de l'emprisonnement. Quant aux frais, l'évêque les payera; il
« m'avait donné la mission de perdre le doyen. »

Ici, le vicaire était dans l'erreur la plus complète. La *mission* im-
morale *de perdre* un homme quelconque par des délits et d'ignobles
moyens est réprouvée par toute justice divine et humaine, ecclésiastique et laïque. L'obéissance même jusqu'à la calomnie est un mal
intrinsèque que toutes les lois punissent. La cour en jugea ainsi le
4 décembre 1864, et le jugement de première instance fut approuvé de
plus fort et de tout point.

Mais quelles révélations, grand Dieu ! Le payement des frais par
l'évêque, la mission de perdre un prêtre, la perte du doyen par une
ordonnance, le projet éventuel de sa perte comme curé ! tel était le
plan de l'évêque, longtemps mal dissimulé, on l'a vu, et qu'il était
forcé de montrer au grand jour, afin d'arracher à la prison celui qu'il
ne désavouait pas, lui ministre suprême de la morale, quoiqu'il eût
obéi jusqu'aux délits les plus odieux.

Que peut alléguer cet évêque ? Peut-être qu'il a été trompé par
le vicaire? Mais son erreur devait cesser après une information
judiciaire de plus de cent témoins, la plupart hostiles au curé, tous
avouant son innocence. Après les débats les plus sérieux et les
plus approfondis, après le jugement du moins, que devait-il faire,
s'il avait jusque-là obéi à l'erreur? Pour le moins, tendre la main à
l'innocent reconnu, proclamé. Mais il fait le contraire : il le révoque,
après avoir prescrit l'appel. Il se contredit lui-même, car il avait dit :
« Les juges de la terre ne rendent pas toujours justice; dans ce cas,
« je vous interdirai; oui, je vous interdirai. » Et c'est au moment
même où les juges de la terre lui rendent justice qu'il l'interdit. Il l'a
poussé lui-même à leur tribunal, voulu leur décision ; et c'est un
prélat français qui, par une ordonnance et un appel, contredit hautement cette décision; il la méprise ! Et, pour tolérer ces audaces, il se

rencontre une administration civile, assez oublieuse du respect dû à l'indépendance et à l'honneur de la magistrature ! Et quand la cour d'appel a donné force de loi au jugement, quand tout prétexte d'effet suspensif a disparu , l'ordonnance qui révoque, et les attaques contre la chose jugée, sont non-seulement maintenues, mais augmentées , dans une série d'actes aussi contraires à tout droit qu'inqualifiables ! Laisser la paroisse sans vicaire, malgré le droit incontestable de la commune et du curé, et ne céder sur ce point qu'après une protestation du conseil de fabrique, qu'après trois interventions du ministre des cultes, la loi à la main. N'ayant pu soustraire le coupable à la flétrissure de l'emprisonnement, l'arracher à cette peine par la fuite et l'exil en Espagne, l'y entretenir, l'y couvrir de l'auréole de la plus éclatante protection, le laisser souvent vanter, presque canoniser pendant six ans par sa gazette officielle, *la Semaine de Bayonne*, dans des articles non signés, portant seulement deux initiales, moyen honnête et bien avouable, n'est-ce pas ? Faire refuser, au contraire, au curé innocent, par tous ses agents notoires dans la paroisse et le canton, les marques les plus ordinaires de la civilité humaine et de la charité chrétienne qui sont pourtant quelque peu prescrites par les canons et par l'Évangile. Dans sa tournée pastorale de confirmation, refuser lui-même sa visite obligatoire au chef-lieu de canton, à une paroisse de deux mille âmes, et l'appeler dans une étroite église d'une petite et simple desservance des environs. Protéger l'introduction du protestantisme dans ce chef-lieu de canton par six décisions contraires qu'il ne rougit pas de donner à cette occasion, et ensuite par quatre autres, toutes non moins contraires entre elles qu'à la bulle *In cœnâ Domini* de Paul III et à celle de Pie IX du 4 des ides d'octobre 1869. Laisser sans réplique les journaux libres-penseurs qui accusaient le curé d'intolérante erreur, alors qu'il obéissait à l'Église dans ses bulles, à sa conscience et aux plus impérieux devoirs de sa charge pastorale. Tolérer, sinon permettre, de plus une lettre anonyme contraire aux jugements des tribunaux, insérée et reproduite par tous les journaux de France hostiles à la société d'abord et à la religion. Provoquer par ces moyens multiples et par d'autres dans son diocèse un immense déchaînement des langues répandant comme des certitudes les mensonges les plus évidents, comme, par exemple, la partialité des tribunaux, l'hostilité du Gouvernement, l'ignorance de l'affaire où l'évêque aurait été laissé par le curé, le grand poids dans la balance de l'équité, de l'attitude prise par le pontife contre la chose jugée. Quel éclat, ô ciel! quelle vaste tempête soulevée par un évêque contre ce que tout homme devrait respecter : l'innocence et la justice! Et, devant tout ce bruit, le curé, qui en était l'objet et la victime, comme son divin maître, n'a su que se taire pendant trois ans, toujours se taire. Mais le Sauveur avait parlé lui-même devant le senhédrin de Jérusalem, toutes les fois qu'il le jugea nécessaire dans l'intérêt de la vérité. Pourquoi le curé ne l'aurait-il pas fait après trois ans, à son exemple, pour confondre par la publicité des documents, des dates, des faits, ce tas de calomnies et d'actes diffamatoires, injustes, si longtemps tolérés par son silence et sa longanimité? C'était pour lui un droit civil et naturel; c'était un devoir de conscience envers la vérité, qui a écrit ces mots : « Prenez soin de votre réputation. » Au lieu de traduire de nouveau les coupables devant les tribunaux, dont ils avaient eu l'audace d'attaquer la haute impartialité, il les couvrit de son pardon ; il se contenta de publier un mémoire en quatre chapitres, qui rétablit la vérité dans l'opinion, et que personne n'a jamais encore essayé de réfuter sérieusement. Il a pour titre : *Mémoire d'un prêtre innocent.* Il parut le 2 juillet 1867 ; l'édition fut rapidement écoulée sans publication. Pourquoi ce silence gardé à leur tour par les adversaires du curé publiquement invités à se défendre? Parce que cette conduite du prélat si pleine de fausses diffamations et d'illégalité était injustifiable de tout point devant la société française, dont elle attaquait directement et publiquement les bases essentielles, savoir : la justice et la loi.

Il fallait pourtant la cohonester de quelque manière devant l'Église et devant les fidèles. Mais ce fut par un nouveau délit, le plus odieux qu'on puisse imaginer dans l'espèce ; ce fut par la calomnie au grand jour, cachant sa preuve dans les ténèbres. L'évêque avait frappé le curé par une ordonnance et par une suite sans fin d'actes très-graves, d'une publicité sans exemple en France. Mais par quel motif? « C'était, disait-il à tous, son secret et son droit de le garder. Pour ce qui est du titre de doyen, il est révocable à volonté, *ad nutum*, et sans motif par conséquent, et sans obligation d'en exprimer. Quant à l'interdit moral du curé même et du prêtre, s'il ne le prononçait pas formellement, c'était par ménagement pour l'État. Il avait jugé

ex informata conscientia « en matière secrète de mœurs, et le concile
de Trente lui en donnait le droit sans l'obliger à décliner aucun fait. »
Ici la plume tombe d'indignation..... Eh quoi! oser parler de matière secrète dans l'affaire la plus divulguée, la plus publique qui ait
eu lieu dans l'espèce! Revendiquer le bénéfice du secret dans sa conscience, en pleine publicité, lorsque tous les canonistes autorisés, tous
ceux de Rome notamment (1) le lui refusent, au nom même du concile de Trente et d'une jurisprudence constante (2)? Matière secrète!
lorsqu'elle est devenue par sa faute du domaine public et des tribunaux! Un secret? L'infâme lettre de l'ex-religieuse, plus que rétractée authentiquement par elle-même devant lui et devant les magistrats! Pouvait-il en avoir d'autre contre un innocent, qui avait fait
appeler à déposer sous serment, non-seulement cette ex-religieuse,
mais encore toute personne qui avait pu avoir avec lui un seul rapport perceptible de société? Rome a condamné cette fausse doctrine
de la révocation toujours valide et sans appel des titres *à volonté*, et
cette conduite *ex informata conscientia* en matière devenue si publique; car Rome a déjà soumis l'évêque à lui décliner cette cause oc-
culte et mystérieuse, si longtemps cachée dans son sein (3). Nous ne
craignons pas de le dire : c'est la lettre, trois fois *annulée*, de l'ex-
religieuse; il n'en existe pas, il ne peut en exister d'autre, qu'on n'ait
pu, dû et voulu montrer aux tribunaux dans leur huis clos. Pourquoi
ne l'aurait-on pas fait? Pour y ménager le curé-doyen? Mais le lecteur
voit, de reste, comme on l'aimait et comme on le ménageait. Arrière
la calomnie, donnant pour preuve son secret qui est sans réalité et son
droit de le garder qui n'existe point !

Cette vilenie d'un motif secret connu du pontife seul, en vertu duquel il agissait si publiquement sous les regards étonnés de la France,
dut provoquer l'indignation de la Providence. Car le curé reçut quinze
lettres horribles par la forme et par le fond, que lui remit l'ex-religieuse.
Elle les déclarait du vicaire. Elle y joignit une lettre écrite tout entière et signée de sa propre main, par laquelle elle accusait ce prêtre
de longues et criminelles sollicitations.

(1) Bouix.
(2) Id.
(3) Lettre du cardinal Quaglia, 11 juillet 1870.

Cette lettre était le résumé authentique du roman immoral des autres quinze missives remises par elle durant quatre mois, à mesure qu'elles lui arrivaient. Elles contenaient un très-grand nombre de faits et d'entretiens passés qu'eux seuls pouvaient connaître. Il y avait une écriture et deux signatures du vicaire, parfaitement ressemblantes à son écriture et à ses signatures les plus authentiques; le reste était déguisé. Toutes étaient cependant plus que signées et datées par des propositions formelles et des énonciations très-précises du lieu, du temps et de l'écrivain. Quoi qu'il en fût au fond des révélations horribles de ces quinze lettres et de cette autographe déclaration, il y avait un point hors de conteste et parfaitement constaté, connu par deux mille témoins: c'était la fréquentation journalière et réciproque des deux héros de cette triste correspondance durant les quatre ans passés à Arudy par le vicaire, et leurs rapports même d'intérêts pécuniaires depuis qu'il habitait l'Espagne. Le voilà donc décrit dans quinze lettres et une déclaration, par lui-même, ou par celle qui n'était point suspecte, le connaissant très-bien et dans une intimité, que nous disons innocente, ou par les deux à la fois. C'était le soufflet le plus sanglant contre l'infâme pièce fabriquée par eux en mars 1863, et sur laquelle le prélat appuyait, en secret, la légitimité de sa conduite publique, quoiqu'il sût cette pièce fausse, et de plus deux fois rétractée. Le curé n'avait encore aucun soupçon de l'existence de ce factum. Mais ces quinze lettres, cette déclaration, cette fréquentation l'autorisaient à dire : Voilà décrit par lui-même celui que vous m'avez préféré, après tant d'enquêtes et de jugements! C'est en ces termes qu'il posa la question de son innocence devant l'Eglise, en déclarant de plus que le *vicaire est l'auteur des quinze lettres ou l'instigateur immédiat; que c'est ce qu'il faut démontrer* (1). Telle fut sur ce point la proposition soumise par lui, d'abord dix mois à l'évêque en face de quarante doyens du diocèse et des évêques de France, en dernier lieu à Rome. A cet effet, il imprima de la manière la plus secrète des extraits de ces quinze lettres dans un cinquième chapitre séparé, ajouté à son mémoire et adressé dans le titre même à l'épiscopat français. A part le dépôt aux mains de l'autorité civile, qui est exigé par la loi, il n'en a remis aucun exemplaire aux laïques. Il n'en a même été fait aucune pu-

____

(1) **Mémoire** à Pie IX, 1868, p. 10.

blication ni annonce, ni affiche, ni colportage ; mais seulement distribution aux pontifes et à quarante doyens, obligés par état d'entendre et de lire des choses bien plus affreuses *in sexto*, et près desquels on justifiait la conduite publique de l'évêque de Bayonne par le motif secret de son *ex informata conscientia*. S'il y a eu des imprudences sacerdotales, elles sont le fait du vicaire et de l'évêché ; mais du curé, jamais.

L'accusation des quinze lettres resta ainsi dix mois portée devant un vicaire général, et par conséquent devant l'évêque. Canonique et formelle, puisqu'elle exposait le corps du délit, le coupable, le lieu, les témoins, les circonstances principales, des propositions impies et hérétiques, des sollicitations *intra claustra*, elle obligeait le prélat à s'en occuper promptement comme juge, au moins par une information. Il ne le fit pas ; le silence fut son unique réponse, et l'inaction toute sa procédure. Cependant l'accusation, quoique non publiée, avait bien quelque notoriété de fait, puisqu'elle était connue de quarante doyens et de cent évêques, dont les conseils ou les questions ne furent point écoutés, pas même lorsqu'ils vinrent d'un ami, de l'illustre évêque d'Orléans. Coupable d'abstention devant les canons, monseigneur ne l'est pas moins devant le droit naturel et la conscience. Qui a diffamé le vicaire ? L'évêque, puisqu'il a eu deux mois pour arrêter l'accusation avant qu'elle parvînt aux doyens, trois mois avant que les évêques pussent la connaître, dix mois avant qu'elle fût élevée jusqu'au pape ; et il n'a jamais rien fait pour la retenir dans ses mains, alors qu'elle énonçait formellement dans sa teneur qu'elle suivrait cet ordre de temps et de hiérarchie ; c'est par sa faute bien grande qu'elle est montée graduellement jusqu'au Saint-Père ; il n'a pris que la mesure de faire protester le vicaire dans quelques lignes imprimées aux presses de l'évêché, envoyées à plusieurs laïques dans le département, et qui, provoquant la curiosité générale, ont causé de sacerdotales indiscrétions.

Le curé demandait des juges à l'Église. On ne lui donna que cette protestation et qu'un libelliste dans le *Pamphlétaire* de Bielle. Il est déféré enfin aujourd'hui à Rome pour des milliers d'injures et de calomnies, dont il doit rendre compte avec l'évêque qui l'a autorisé, qui a hautement protégé son œuvre, s'il est plus qu'un éditeur responsable. Sans parler des nombreuses faussetés débitées dans cet écrit sur l'obéissance du curé, sur sa charité, etc.', et déjà détruites par tout ce qui précède, nous nous indignons seulement ici contre la criminelle imputation d'*imposture*, insinuée à chaque ligne, et formellement exprimée, développée même dans un chapitre tout entier de cette triste publication.

Le curé-doyen qui a eu le courage d'imprimer dès la préface même de son mémoire qu'il bravait sciemment tous les sarcasmes, toutes les impiétés, toutes les indifférences, toutes les hostilités, tout l'esprit de son siècle, en parlant des avis qu'il croyait avoir reçus de la Vierge au fond de sa conscience; celui qui remplit ainsi un devoir envers la vérité, en bravant l'opinion, n'est pas un imposteur. Imposteur, le prêtre qui annonce l'inconcevable persévérance de son évêque dans ses persécutions, au risque de surexciter les colères du prélat, de se faire briser et de périr! Imposteur, l'homme qui prédit en 1867, dans un écrit public, le besoin qu'avait l'Empire de *la divine miséricorde*, et sa chute certaine, s'il n'allait obtenir pardon aux pieds de la Vierge de Pie IX; et à ce pontife lui-même, la perte du pouvoir temporel suivant de près celle de l'Empire, après la paix dans laquelle le grand concile devait siéger et finir.

Dans l'affaire d'Arudy, si grande et si dangereuse, quel imposteur aurait osé menacer de tels malheurs les puissants de la terre, ses juges, avec la certitude de les indisposer et de se perdre pour toujours? Evêque et prêtre, vous qui semblez, hélas! dans *le Pamphlétaire*, ne pas croire à la Vierge, au surnaturel, croyez, du moins, aux coups incessants que vous frappez depuis neuf ans sur cette tête; aux malheurs sans nom entassés par vous sur cet esprit; et si vous admettez qu'il y a un Dieu des opprimés, supposez, par pitié au moins, qu'il a pu souffler quelques avis et quelques consolations à de si grandes et si longues infortunes! Supposez même, si vous voulez, l'affaiblissement d'une telle intelligence, trop longtemps tourmentée par vous; mais vous n'aurez jamais le droit de parler d'imposture! Ce mot qui serait peut-être de mise adressé à certains coupables, est un non-sens, quand on le dit de l'innocence proclamée par la justice avec force de loi. Si c'était une manie par impossible, ce serait une manie pour la Vierge! celle d'un honnête homme, d'un bon chrétien!

Oui, si le curé, qui a mérité de la justice française et de l'opinion la qualification de *digne prêtre*, avait le tort d'aimer la Vierge jusqu'à la faiblesse, vous avez eu certainement, dans votre *Pamphlétaire*, le tort de la haine, la méchanceté de l'injure , du sarcasme, du mépris, des insinuations perfides, du mensonge, de la calomnie. Ni la justice de Dieu ni celle des hommes ne vous accorderont jamais l'indulgence d'une compensation impossible dans l'espèce. Il n'en peut exister entre le bien et le mal.

Résumons la calomnie de mœurs. Ainsi, non-seulement l'évêque a posé les causes des calomnies contre le curé d'Arudy, mais il en est formellement coupable dans les actes. Dans la première phase, c'est lui qui a lancé ce scandale par un chanoine et un gendarme, qui a commandé un étouffement, devenu impossible par sa faute, et de plus criminel, puisqu'il tuait l'innocent dans sa réputation. C'est lui, dans la deuxième phase, qui, malgré la vérité connue par tant d'enquêtes, a osé conseiller la démission à la victime, et refuser à tous par de vains prétextes le déplacement du vicaire exigé par la loi, les canons, la raison, la morale, la religion. N'est-ce pas encore lui qui, dans la troisième phase, a poussé l'innocent aux scandales de la publicité des tribunaux, espérant qu'il s'y briserait ? N'a-t-il pas levé, rétracté formellement son opposition à cette mesure, et par des paroles expresses, et par ses commentaires, et par écrit ? Poussé à bout par sa patience, ne l'a-t-il pas forcé à recourir à la justice, lorsqu'il a permis au vicaire d'envoyer au ministre une dénonciation calomnieuse ? N'était-ce pas le contraindre à se défendre par un procès devant l'autorité laïque, au ressort de laquelle il était traîné ? N'a-t-il pas offert de plus au ministre de la justice et des cultes de révoquer le curé avec son concours, de le priver ainsi de son pain? N'est-ce pas lui aussi, qui, après l'enquête administrative et l'information judiciaire, a volontairement fermé les yeux à la lumière, et refusé encore une fois, non-seulement le déplacement du coupable, mais de plus une simple mesure de dignité et de convenance religieuse, savoir : sa séparation d'autel et de fonctions d'avec la victime, quoique dans la même église ? Quelle raison peut-on donner de cette obstination incroyable, si ce n'est l'*accusation secrète* dont il connaissait et avait déclaré la fausseté ?

N'est-ce pas enfin lui, qui, jetant tout masque dans la quatrième phase, a prescrit, contre tout droit civil et canonique, de nouveaux scandales par l'appel à la Cour impériale? Quel autre que lui a frappé l'innocent et innocenté le coupable par une ordonnance, par des déclarations, et, durant sept ans, par toutes sortes d'illégalités: dans la cure d'Arudy laissée douze mois sans vicaire; dans la presse, par des lettres anonymes et pseudonymes; dans le canton, par le scandale de ses actes en tournée de Confirmation; dans la paroisse, par le chaos de ses décisions à l'occasion de l'introduction du protestantisme; dans l'Église de France, par l'étrangeté de la justification de sa conduite si publique contre la chose jugée, au moyen d'un *secret*, dont il n'ignore pas la fausseté, d'un jugement sans contrôle qu'il ne pouvait porter après tant de publicité, d'une révocabilité *ad nutum*, dont Rome prononce toujours la nullité, si on en a usé sans motif suffisant? Pour en finir, n'est-ce pas lui, qui, par un dernier déni de justice, a refusé d'examiner la question de l'innocence du curé, canoniquement portée à sa barre, laissée là pendante dix mois, en parallèle avec quinze horribles lettres, avec la moralité des auteurs, de ceux qui avaient écrit ou inspiré la fameuse pièce secrète sur laquelle il avait si longtemps fondé tant de bruit? N'a-t-il pas contribué à faire connaître ces lettres en autorisant la publication aux laïques d'une protestation? N'est-ce pas sa faute, si le curé n'a obtenu d'autre justice dans l'Eglise de France que les avanies et les calomnies cruelles du *Pamphlétaire* de Bielle, nouveau genre d'étouffement?

Cette physionomie coupable n'est donc, hélas! que trop apparente. Elle s'est dessinée elle-même à grands traits par des fautes inniables, par des actes publics et certains, par d'historiques scandales dans un diocèse, dans trois départements, dans le ressort d'une Cour impériale. Peut-on supposer qu'après avoir été si longtemps coupable de cette affaire, complice même peut-être, on ait osé élever la prétention d'en devenir juge par soi-même ou par les siens? Ne l'est-on pas devenu en fait? De quelles violations des règles élémentaires de la justice ne s'est-on pas alors rendu conscient et coupable? C'est ce qui nous reste à prouver avant de finir.

CHAPITRE III

L'OFFICIALITÉ

Dès que le curé d'Arudy eut envoyé à Rome les cinq chapitres de son premier mémoire et le second à S. S. Pie IX, portant le résumé de toute l'affaire, sous la date du 8 septembre 1868, le parti répandit le bruit dans le diocèse que ces deux écrits trouveraient la flétrissure de l'index, dès leur arrivée au Vatican. C'était un moyen nouveau et rapide d'étouffer ce litige, d'en rendre la victime odieuse par la condamnation de quelque point doctrinal. Mais vaine fut, en 1869, et jusqu'aujourd'hui, l'attente du diocèse. Rome, toujours impartiale, n'admit point cette fin de non-recevoir; gardienne de la vérité, elle ne condamna pas à l'index. Quoique l'affaire n'eût été déférée au Saint-Père qu'administrativement, ou, selon le mot théologique, extrajudiciairement, elle fut remise d'office au Tribunal des évêques et réguliers, suivant une lettre du président de cette congrégation, que nous citerons plus loin. *Il allait y avoir* enfin *des juges à Berlin* pour le faible si longtemps persécuté.

L'évêque inventa aussitôt un moyen sûr de juger ou préjuger lui-même toute l'affaire, en instituant enfin à Bayonne une officialité de cinq membres, tous amovibles sous ce rapport, tous de longue date ses familiers, ses intimes. L'ordonnance qui les créa sans plus, par la simple énonciation de leurs noms et de leurs emplois divers, fut signée le 14 novembre 1869, la veille du départ du pontife pour Rome, date qui a sa signification.

Le 11 décembre suivant, le vicaire flétri par la justice, toujours d'accord avec l'évêque, comme le lecteur sait, s'en vint à Bayonne conclure par écrit : 1° *à être déclaré innocent des quinze lettres qui lui étaient attribuées dans l'un des mémoires du curé*; 2° *à ce qu'il lui fût fait justice des imputations calomnieuses, dont il se disait l'objet dans ces mêmes mémoires* (1). C'était demander évidemment

---

(1) Lettre de l'official, 20 janvier 1870 ; son monitoire, 24 février 1870.

que toute l'affaire d'Arudy, portée à Rome depuis un an et y classée,
fût jugée à Bayonne sous tous les rapports; non-seulement dans le
point des quinze lettres, mais encore dans toutes les *imputations dont
le vicaire était l'objet dans les mémoires*. Demander ainsi la justification du vicaire, c'était poser celle de l'évêque, son inséparable dans
tant d'actes et de faits, et la faire proclamer par de simples prêtres,
ses familiers et ses intimes, qui n'offraient pas même, comme ses
juges, la garantie de l'inamovibilité. C'était au fond l'évêque appelé à
se juger lui-même, dans l'affaire de sa propre accusation, déférée à
son unique juge, le souverain Pontife. Quel renversement des principes élémentaires de toute justice et du bon sens ! Pourrait-il même
connaître par lui-même ou par les siens du simple point de la matérialité des lettres, de leur écriture, et la juger entre un curé sept ans
calomnié, persécuté, livré par l'évêque et sa cour, et un vicaire toujours protégé par eux tous contre l'opinion et les tribunaux ? Quand
la Providence amenait au grand jour de la justice ces lettres et cette
déclaration accusatrices de leur *bien-aimé confrère*, ou de sa complice l'ex-religieuse, pouvaient-ils jamais se condamner eux-mêmes
dans toute leur conduite passée et dans toutes leurs énonciations en
les condamnant l'un ou l'autre, quelle que pût être leur culpabilité ?
Évidemment non. Le temps de l'héroïsme des Brutus est passé, même
dans l'élément ecclésiastique. La conscience des juges suspects n'a
jamais suffi dans aucun for religieux ou laïque; et de si graves suspicions ont toujours rendu nuls de plein droit les jugements et les
sentences que des esprits passionnés n'ont pas rougi de prononcer
dans des conditions si déplorables (1), et dans leur propre cause.
Qu'il nous soit permis d'entrer dans quelques détails à ce sujet.

« Nul ne peut être juge dans sa propre cause, savoir dans une
affaire dont le dommage ou le bénéfice lui revient. Car il existe dans
ce cas une très-grande suspicion d'affection et un grand danger de
mal juger (2).

« Le juge qui a une affaire semblable comme accusé ou comme
accusateur ne peut juger validement (3).

---

(1) Schmalzgrueber, n° 17, *De judiciis.*
(2) Schmalzgrueber, *De judiciis*, n° 17.
(3) Innocent III, chap. xviii, t. I, liv. II ; *Décret.*

Cette règle est encore en vigueur. Un tel juge doit donc se retirer, et s'il ne le fait pas, toute la procédure et le jugement doivent être regardés comme entièrement invalides et nuls (1).

« Quelles sont les causes légitimes de récusation du juge ? 1° quand il est ennemi du récusant, ce que l'on peut présumer, si ce dernier a un litige avec le juge, si celui-ci l'a menacé de quelque mal, s'il lui a refusé les marques communes de sa bienveillance ; 2° quand le juge a une affection ou des rapports spéciaux envers l'adversaire, par exemple, s'il est son patron ou son protecteur (2). »

Qui ne voit et ne sait que l'évêque de Bayonne se trouve dans ces cas ? De l'affaire intentée par son ex-vicaire ne devait-il pas résulter pour le prélat un dommage ou un bénéfice au moins moral devant l'opinion, et, de plus, judiciaire à Rome ? N'avait-il pas une affaire, non-seulement semblable, mais absolument la même dans tous ses points, en sa qualité d'accusé au tribunal du souverain Pontife ? N'était-il pas ennemi du curé qui le récusait, n'avait-il pas avec lui un grand litige ? N'avait-il pas fait plus que le menacer cent fois ? Ne lui avait-il pas refusé et fait refuser les marques communes de sa bienveillance ? N'était-il pas le patron et le protecteur du vicaire ?

Donc tous ses actes judiciaires et autres dans l'espèce sont nuls de plein droit et non avenus, depuis la révocation du doyen jusqu'à la dernière sentence de son official. C'est lui, en fait, qui a toujours inspiré, conduit cet official, depuis le commencement de l'instance de l'ex-vicaire jusqu'à la fin. Ne l'avait-il pas plié pendant trente ans comme son secrétaire à l'habitude d'une docilité sans bornes ? Ne venait-il pas de le créer grand vicaire, aumônier, membre de quatre commissions, archidiacre, et de se l'attacher encore davantage par les doux liens de la reconnaissance ? Pouvait-il s'en affranchir, pour la première fois, dans une affaire si capitale pour son maître, son bienfaiteur ? L'espace d'environ un mois n'a-t-il pas toujours séparé tous les actes officiels de ce procès, pendant que le prélat était à Rome, et qu'on attendait de si loin sa consultation ? Depuis son retour, et pendant sa tournée pastorale, n'est-ce pas une durée de sept à huit jours

---

(1) Bouix, *De judiciis ecclesiasticis*.
(2) Bouix, *De judiciis ecclesiasticis*.

qui en a marqué l'intermittence? N'avons-nous pas d'ailleurs une preuve d'évidence même dans la lettre suivante dudit official :

« Bayonne, le 31 août 1870.

« Monsieur l'archiprêtre, voici une sentence définitive de l'officialité, que je vous prie de notifier à M. Bergé, vous-même, le 5 septembre, *lundi prochain.* Mais auparavant, veuillez, je vous prie, en donner connaissance à monseigneur l'évêque. J'en ai déjà informé Sa Grandeur et je lui ai annoncé que vous auriez la bonté de lui communiquer cette sentence, avant de la notifier, afin que Sa Grandeur soit mise au courant de tout ce qui s'est fait depuis son départ, et nous vienne en aide. Peut-être M. Bergé, mieux inspiré, se soumettra-t-il; je le désire ardemment, car il m'en a bien coûté pour condamner......

« Franchisteguy, *official.* »

La sentence dont il vient d'être fait mention portait des censures et un interdit conditionnel à l'infortuné curé. C'est donc un fait bien démontré, que l'official prenait l'avis de l'évêque, même avant et après les mesures les plus rigoureuses, et qu'il les adoptait personnellement avec une profonde répugnance. Eût-il eu, du reste, le pouvoir et la volonté de s'affranchir de cette tutelle, n'était-il pas lui-même suspect dans cette affaire? N'avait-il pas approuvé, au moins par son silence, tous les actes, tous les écrits de son maître dans l'affaire d'Arudy, en sa qualité de secrétaire? N'avait-il pas contresigné par exemple la révocation du doyen? N'est-ce pas lui qui avait écrit sous la dictée de ses supérieurs tant de lettres au vicaire dans la calomnie des mœurs? N'avait-il pas notifié au doyen la révocabilité de son titre sans motif et sans appel? S'il désapprouvait tant de fois et si longtemps, sans mot dire, quel juge pour l'avenir! S'il approuvait, quel juge encore! Official, pourquoi consultait-il l'évêque, oubliant ces principes de droit canon: « Le supérieur dénoncé par l'inférieur ne peut, pendant la durée de la plainte, exercer sa juridiction sur l'affaire. Le juge, qui a négligé de se saisir d'une affaire canoniquement dénoncée, ne peut intervenir. » Or, le prélat n'avait-il pas refusé de donner suite à la délation des quinze lettres par le curé? N'était-il pas lui-même appelé à Rome sur tout, sans excepter ce point? D'ailleurs, en thèse générale, l'official n'est-il pas récusable, quand on a des raisons légitimes de suspicion contre l'évêque? « Oui, répondent Bouix « et Laurenius, et je ne comprends pas que l'official, révocable à « volonté, ne soit pas suspect, dès que l'évêque l'est, car la crainte

« d'être révoqué doit le porter à suivre l'opinion de son supérieur. Il
« y a plus : la pluplart des docteurs enseignent que la suspicion de
« l'évêque entraîne celle de tous ses employés et familiers. Or, le vi-
« caire général official doit être regardé comme un employé et un fa-
« milier de l'évêque. »

Voilà donc des suspects en leur qualité de familiers de l'évêque, et à
raison de leurs antécédents, qui se sont donné à eux-mêmes un certificat de non-suspicion ! L'ont-ils au moins fait décider préalablement
par des experts, comme le droit l'exige ? Nullement. On dira peut-être
que la comparution subséquente du curé devant leur tribunal a pu
passer l'éponge sur tant de suspicions essentielles ? Nous ne le croyons
pas, quand même cette comparution n'aurait pas été forcée et contrainte par un ordre formel de Rome, accompagné de leur part des
plus graves menaces de censures et d'excommunication. Nous en par-
lerons plus bas. Ainsi toutes leurs sentences sont nulles.

Enfin, lors même qu'ils auraient été les juges les moins suspects,
les plus indépendants et les plus impartiaux de la terre , de quel droit
pouvaient-ils exiger que le curé se rendît à leur barre, tant que le
pontife suprême, saisi de l'affaire et du point des lettres, n'exprimait ni
un ordre ni une permission d'aller à eux? Est-ce que le droit d'appel
à Rome n'existait pas avant sa définition comme un dogme ? Est-ce que
le concordat de 1802, consenti par les deux puissances, en détruisant
un moment l'Eglise de France et ses diocèses divers, n'avait pas dé-
truit aussi leurs priviléges et les accessoires? Ainsi raisonne Bouix,
qui n'est pas suspect.

D'ailleurs le droit d'appel à Rome, par un autre motif, n'existait-il
pas dans l'espèce, puisqu'il s'agissait d'accuser un évêque dont le
pape est juge, et un ex-vicaire domicilié depuis longtemps en Espagne,
hors du ressort de toute autorité française ? Pouvaient-ils accepter tous
les deux une autre juridiction que celle de Rome? Y en avait-il d'autre
au monde qui fût de droit et qui eût qualité pour juger ces justiciables ?
Il y avait donc en faveur du curé ce motif canonique *de présence
devant un juge supérieur*, qui rend toute contumace impossible. L'official le savait ; les protestations du pasteur à Rome sur ce point pas-
saient par ses mains ; c'était le cas dont parlent Craisson et tous les
canonistes : « Si le juge, connaissant l'empêchement de comparaître,
prononce la contumace, sa sentence est nulle de plein droit. » L'offi-

cial eut cependant le triste courage de la prononcer, manquant non-seulement aux lois, mais encore aux plus hautes convenances envers le saint-siége apostolique, dont le curé avait invoqué la décision en ces termes, dès le 29 janvier 1870, au début de cet incident : « J'en appelle à Rome, afin que Sa Sainteté Pie IX, seul compétent, à raison du caractère auguste de l'un des appelés, du respect dû aux juges laïques, qui ont déjà statué sur le principal, etc., examine dans sa haute sagesse comment doit finir ce litige : si ecclésiastiquement ou civilement ; si administrativement ou par la voie judiciaire. »

Cette légitime réclamation et celles qui suivirent sans réponse, n'empêchèrent pas l'official de prononcer une sentence de *contumace* le 10 mai 1870 et de fonder le 18 sur cette base, nulle de plein droit, une sentence définitive qui déclarait, avant tout examen, le curé coupable de publication diffamatoire, et dont le dispositif portait : « Nous condamnons M. Bergé, pour raison de cette contumace, à faire « les exercices spirituels pendant dix jours et à se présenter à notre « tribunal avant le 4 juillet. Que s'il ne le fait pas, nous lui interdisons « d'offrir le saint sacrifice. » Cette censure étant purement condition-nelle, l'appel fait par le curé, le 27 mai et le 2 juin suivant, avant le 3 juin, terme fixé pour l'encourir, la fit tomber dans l'eau, selon la jurisprudence romaine et gallicane ; sans compter sa nullité de droit à un autre point de vue, puisqu'elle était motivée et basée sur une fausse contumace, sur le respect légitime et l'attente de droit de la décision du juge suprême.

Ici commence à se révéler le plan machiavélique de l'évêque dans cette affaire. Il avait abjuré les opinions gallicanes de toute sa vie, dans une lettre qui obtint une grande notoriété en Europe. Rome ainsi devenue favorable, il avait lâché les rênes à ses agents : il voulait que, sous un faux prétexte de désobéissance, *de contumace*, propre à égarer l'opinion, et qui pouvait acquérir une apparence par le triom-phe éventuel des gallicans au concile, son official tuât moralement le curé avant son retour, avant le 4 juillet, par l'interdit du saint sacri-fice, qui est si rarement infligé même aux prêtres condamnés pour des crimes très-grands : calomnier par la grandeur de la peine ! mais il s'était trop hâté en condamnant. Ses actes étaient nuls. Il avait dû em-porter cette interprétation de Rome, car le curé qui, suivant son droit, n'avait point observé l'interdit d'une si flagrante nullité, en reçut, le

10 août, sans la demander, dispense *ad cautelam* de l'évêque, « non pas, disait le grand vicaire qui la transmettait, que l'on vous croie atteint par cette censure, au for externe, mais *ad cautelam*, en cas qu'il y ait eu dans votre cœur quelque chose d'irrégulier. »

Il ajoutait plus tard :

« Quant aux dix jours d'exercices spirituels qui auraient dû précéder, vous pourriez vous adresser à Monseigneur qui, je n'en doute pas, se prêterait volontiers à un acte de juridiction gracieuse (1). »

Le curé n'eut jamais recours à cette *juridiction gracieuse* ; et, le 26 avril 1871, huit mois après cette offre, la dispense de cette retraite lui fut transmise par l'official, sans qu'il l'eût sollicitée d'aucune manière. Cependant on lui avait fait écrire plusieurs fois dans l'intervalle par son mandataire dans cette affaire que, *s'il venait se soumettre à ces dix jours d'exercices spirituels, il se retirerait avec un triomphe plus grand qu'il ne le désirait* (2).

On refusait, au contraire, pendant huit mois, de s'occuper de ce litige, parce qu'il ne faisait pas cette retraite. Pourquoi l'évêque y attachait-il tant de prix ? C'était un leurre. On voulait pouvoir écrire, avec quelque apparence, dans la sentence finale de condamnation, que le curé s'était reconnu coupable de (3) contumace, puisqu'il en avait fait volontairement la pénitence par une retraite de dix jours, ou bien, puisqu'il en avait sollicité lui-même la dispense. On a dû se borner, dans la sentence finale, à cette dernière allégation d'une demande secrète et fausse de dispense, parce que le curé n'était pas tombé dans le piége public des exercices spirituels. Convenons que ce juge est adroit et bienveillant, en travaillant avec tant de finesse à créer des délits qui n'existent point.

Que de fautes entassées déjà par l'évêque, dès qu'il a voulu juger ! La fin de non-recevoir de l'Index, la création d'une officialité en sa faveur pour qu'on ne juge pas à Rome ce qu'il veut que l'ex-vicaire fasse juger à Bayonne ; s'assurer du résultat en nommant à l'officialité ses familiers et ses intimes ; être jugé lui-même par ce moyen, et dans sa propre cause, qu'il fait poser adroitement dans le *libelle* du

---

(1) M. Menjoulet, 17 août 1870.
(2) Lettre de M. Pedemaguon, 8 octobre 1870.
(3) Textuel dans la sentence, 6 juin 1871.

vicaire ; juge suspect à d'autres égards par sa partialité et sa complicité si longuement prouvées contre le curé , et par l'affaire identique qu'il avait lui-même à Rome ; son official suspect à son tour avec ses collègues, à raison de celle même du prélat, et de ses antécédents personnels dans l'affaire, de sa docilité à l'évêque constatée même dans cette procédure; suspicion de tous qui n'a été levée ni par des experts, ni par la comparution contrainte du curé ; mépris du droit d'appel au Saint-Père, en vigueur, comme droit alors, et de foi ensuite ; contumace et interdit du curé entièrement nuls; et de plus, l'affichant comme un grand criminel avant tout examen de la cause; petites finesses et fausseté pour donner à ces deux actes quelque valeur apparente ! Quelles aberrations ! et, dès le commencement de la procédure, que cela promet pour l'avenir, dans la deuxième période qui va suivre.

L'avant-veille du vote du concile sur la primauté et le droit d'appel , l'évêque avait obtenu la lettre suivante adressée au curé par la filière de l'official :

« Monsieur, quoique vos précédentes dépêches ne fussent pas parvenues à Rome , celles que vous envoyâtes, le 9 janvier 1869 et le 5 mars de la présente année, furent remises cependant à Sa Sainteté Pie IX, notre pape, qui les a déférées à cette sacrée congrégation des évêques et réguliers.

« Vous vous plaigniez, dans la première dépêche, de ce que le titre de doyen vous avait été enlevé; dans la seconde, de ce que l'ordre vous était intimé de vous rendre à la curie épiscopale, parce que le prêtre Cyprien Espagnolle lui avait demandé *d'être déclaré innocent des crimes dont vous l'aviez accusé publiquement.*

« Suivant l'usage, l'évêque de Bayonne a été entendu au sujet de ces dépêches, et il a exposé lui-même qu'il vous avait enlevé le titre de doyen par de justes causes, et que, contre tous les droits, vous aviez refusé de vous rendre à sa curie épiscopale pour des affaires auxquelles vous aviez donné lieu par des imprimés publiés au grand scandale des fidèles.

« Comme il en est ainsi réellement, la susdite sacrée congrégation vous ordonne d'aquiescer aux ordres de votre évêque et de sa curie épiscopale, comme il convient à un curé qui doit l'exemple de la soumission aux fidèles qui lui sont confiés.

C'est ce que je devais vous notifier en vous souhaitant toute sorte de félicités.

Rome, 11 juillet 1870.

Votre affectionné,

A. Card. Quaglia, *préfet.*

Pour peu que l'on soit initié aux formes de la chancellerie romaine, on comprend de suite que cette lettre n'exprimait, ne supposait un jugement quelconque, rendu dans l'affaire ; l'idée même de toute sentence est écartée par la teneur : *les premières dépêches du curé n'étaient pas parvenues à Rome,* quoique légalement chargées et garanties par l'administration des postes françaises. Quelle délicatesse de la part de quelque intéressé à cette honnête soustraction ! Le dossier envoyé par le curé était donc incomplet. Ignorant de plus, avant cette lettre, que l'affaire fût classée d'office judiciairement et non administrativement dans la sacrée Congrégation des évêques et réguliers, il n'était à Rome ni par lui-même ni par procureur. Personne au monde ne l'avait instruit, même officieusement, du classement, de la comparution de l'évêque, du jour fixé pour cela. Comment aurait-on pu rendre un jugement quelconque dans ces circonstances ? Après avoir exposé la question soumise au tribunal par les deux parties, toute l'affaire d'Arudy, savoir : le titre de doyen retiré dans la calomnie des *mœurs* et *la publication* prétendue des quinze lettres ; l'illustre cardinal-préfet notifie l'ordre *d'obtempérer aux injonctions* spécifiées *de l'évêque et de sa curie,* d'y comparaître ; il se fonde sur l'exemple *de soumission* que le *pasteur doit à ses ouailles.* L'official lui-même ne vit qu'un simple commandement dans cette lettre, celui *d'obéissance à la curie* épiscopale, comme il dit dans ses injonctions du 23 juillet 1870 ; il l'y menaçait d'interdit *ab altari et officio* et d'excommunication. Le curé eut hâte de lui répondre le 27 qu'il comparaîtrait à sa barre, à partir du 9 août suivant, attiré par son obéissance et non par la crainte servile des menaces et des foudres. Élevant le 29 juillet la copie de cette réponse jusqu'à S. Em. le cardinal-préfet, il lui notifia que les *justes causes* de la révocation du doyen étaient non-seulement *injustes* mais *suspectes de mensonge;* qu'il avait été dans son droit en refusant d'ester à la curie épiscopale ; qu'il n'avait nullement *publié aux fidèles avec* ou sans *scandale* les *écrits incriminés ;* qu'il démontrerait ces choses à son audience, en temps convenable, avec sa permission.

Donc, le 10 août 1870, le curé comparut en personne à la barre de l'official, qui était assisté de son greffier, dans la salle de ses audiences. Il fut constaté et reconnu par tous qu'il avait exécuté les injonctions du 23 juillet précédent, puisqu'il comparaissait avant le 25 août, terme fixé par elles à cet effet ; qu'il venait de déposer les quinze lettres et les documents y relatifs entre les mains de l'autre vicaire général ; qu'à la demande de ce dernier, formellement autorisé pour cela par l'évêque et l'official, il lui avait de son côté donné pouvoir d'expertiser ces lettres avec le concours d'un autre expert de l'évêché, choisi par lui du consentement du prélat et de son juge. Quant à la retraite de dix jours, il en ferait cent de piété, s'ils voulaient, mais pas une seule de pénitence, pour avoir été et pour être en instance à Rome, en vertu d'un appel, de droit hier, aujourd'hui de foi. Sur ce point il les citait à Rome, au besoin sur tout.

Le vicaire général, après sept heures d'un examen le plus approfondi, déclara, le jour même, que les quinze lettres étaient l'œuvre de l'ex-vicaire ; qu'il y avait parfaitement reconnu son écriture identique dans une pièce et deux signatures, et les caractères de son alphabet échappés partout ailleurs malgré le déguisement ; que les autres preuves par les injures atroces, par les faits et les entretiens secrets y rapportés et connus de lui seul, par les signatures et les dates plus qu'explicites dans des propositions entières et formelles, l'avaient aussi profondément convaincu. L'expertise ainsi formulée empruntait une haute autorité, non-seulement à la position élevée du grand vicaire, mais encore à son aptitude notoire dans tout le Midi, comme archéologue, travailleur et savant même en manuscrits.

Si l'official et l'évêque n'adhéraient pas à son rapport, et si, à une très-longue expertise des preuves intrinsèques, ils exigeaient d'ajouter celle d'une trentaine de témoins indiqués par le curé, il fut accordé, par ce grand vicaire, que les quinze lettres seraient déposées indéfiniment d'une manière purement officieuse entre les mains du juge d'intruction d'Oloron, homme moral et religieux, qui les garderait sous trois clefs à la seule disposition de l'autorité diocésaine et de son official ; que l'ombre de ce juge et son concours officieux feraient arriver les témoins, les rendraient véridiques et procureraient sans bruit des experts assermentés en écritures ; qu'au lieu de séparer méchamment les moyens civils et ecclesiastiques pour arriver au bien, à la vérité, il fallait dans ce but les réunir en les maintenant toujours distincts.

Il y avait trop de passions à l'évêché pour que le cas prévu n'arrivât pas ; et les lettres furent déposées exactement de la manière convenue.

On en fit un crime au curé , et les foudres grondèrent aussitôt sur sa tête. On va voir avec quelle injustice et quelles faussetés.

Le 18 août 1870, il apprit que l'évêque, mettant en suspicion le rapport d'expertise de son grand vicaire, voulait un examen *consciencieux* des lettres, le premier ne l'étant pas sans doute. Quelle volonté de fer imposait ce mot à l'expert principal lui-même, quoiqu'il osât insinuer par écrit le résultat de son expertise en disant que le curé *aurait encore beau jeu dans un second examen de cette affaire, s'il ne persistait pas à la confondre avec une autre* (1), celle avec l'évêque ! Malgré cette déclaration, le curé a eu le courage de *persister* à la confondre avec l'autre, fidèle à la vérité, jusquà la fin. Voilà donc pourquoi il a été condamné et *brisé*. Il répondit que le 19 suivant en ces termes :

« Voyant par votre lettre qu'une seule production des lettres ne suffira pas , comme vous pensâtes le 10, mais qu'on veut en faire un examen plus long, je viens de les déposer entre les mains du juge, qui s'est chargé de les laisser étudier par l'autorité diocésaine ou son commissaire si longtemps qu'elle voudra ; cela , comme j'en convins avec vous le 10 courant.

« Je ne puis venir à Bayonne ni m'y faire représenter si vite ; nul ne peut l'impossible.

« Quoique j'aie fait appel verbal le 10 à l'audience de l'official sur la retraite, la conduite d'autrui dictera la mienne.

« M. Candau , mon vicaire, partit hier matin pour une lointaine station thermale avec l'autorisation de M. l'official. Les malheurs de la France obligent tous les curés à rester dans leurs paroisses, comme Monseigneur le déclare dans sa dernière circulaire.

« Fidèle au blanc-seing que je vous ai donné, je ne m'oppose point à ce que l'affaire Espagnollo soit traitée à part de l'autre ; car je fais défaut par principe et par force ; mon écriture altérée et la brièveté de mes énonciations vous disent que la blessure de mon doigt n'est pas guérie ; ces lignes sont les premières que j'ai pu écrire depuis mon retour de Bayonne, j'ai aussi un rhume dangereux. »

Cette lettre fut remise immédiatement à l'official ; elle devint le prétexte de la condamnation qui suit, prononcée le 26 août :

« Vu sa lettre du 19 août par laquelle M. Bergé annonce qu'il a déposé en mains d'un juge d'instruction les lettres qu'il devait remet-

---

(1) Lettre, 17 avril 1870.

tre à l'officialité, et qu'il ne peut venir à Bayonne ni s'y faire représenter.. ; considérant qu'en déposant ces lettres en mains de ce juge, il se rend coupable de mépris envers l'officialité par la préférence qu'il accorde à un séculier, et que de plus il propage le scandale qu'il a déjà donné par la publication de ces lettres. »

La condamnation qui va suivre de si faux motifs ne peut être que nulle de plein droit; elle le sera de plus, sous un autre rapport, puisque l'absence ne peut être imputée à vraie contumace, quand on a ces deux empêchements canoniques de comparaître bien connus du juge : la maladie et la nécessité du service public d'une grande paroisse pendant l'absence autorisée du seul prêtre par lequel il pouvait se faire remplacer ; l'impossibilité de trouver et de produire en quelques jours un mandataire convenable à trente lieues de distance, à Bayonne surtout, où il n'y a ni avocat ni procureur ecclésiastiques, et où l'évêque s'opposait à ce qu'il en fût choisi de laïques ; empêchements bien connus de l'official, puisqu'ils sont explicitement énoncés dans la lettre du 19 août qu'il cite, mais pour cause, sans la donner dans sa teneur : ce qui est contraire à toute règle dans les affaires. Il a, nonobstant, le courage d'arriver aux conclusions, d'exécuter le plan déjà révélé le 18 mai, celui de détruire le curé, de le flétrir sous prétexte de désobéissance, et de relever ainsi son évêque d'une façon indirecte.

« Nous dénonçons suspens *ab altari*, itérativement en tant que besoin, et suspendons *ab officio*, M. Bergé, curé d'Arudy ; en conséquence, à partir du jour de la notification du présent, il cessera toute fonction ecclésiastique; cette suspense durera nonobstant tout appel, jusqu'à ce que ledit se soumettre complétement à l'officialité et exécute la sentence par nous édictée contre lui. »

Alité du gros rhume, dont il a été fait mention, et qui n'était rien moins qu'une assez grave bronchite capillaire, suivant le certificat du médecin, le curé, qui ne pouvait pas même dire la sainte messe depuis quelques jours, se leva pour se soumettre entièrement et de suite à l'officialité par une lettre du 7 septembre 1870, lendemain de la notification de l'interdit qui précède. Il offrit immédiatement sa procuration à un doyen de Bayonne, qui l'accepta aussitôt après son retour d'un voyage de plusieurs jours; il lui envoya les quinze lettres pour les exhiber, tant qu'il faudrait, à l'officialité, dès qu'il trouva un commissionnaire passable, avec toute sorte de précautions. Donc cet interdit, qui était venu frapper le curé malade dans son lit, n'avait nullement été violé, n'avait pas même duré une minute, puisqu'il s'était soumis à l'instant. « Cette suspense durera jusqu'à ce qu'il se soumette complétement à l'officialité. »

Prêtre, il était soumis; homme et ministre de la morale, il venait d'acomplir un acte bien dangereux par la remise à l'officialité des qninze lettres, quoiqu'il vînt d'obtenir le consentement de la personne, l'ex-religieuse, qui les lui avait confiées ; la plupart renfermaient des diffamations énormes contre quatre des principales familles de la paroisse; c'étaient des calomnies encore entièrement secrètes; la loi ne l'autorisait à les montrer qu'à la justice laïque ; car elle n'en reconnaît pas d'autre. Mais contraint et forcé par l'interdit prononcé et par des menaces formelles d'excommunication, il était enfin en règle avec la loi et avec sa conscience. Il était désormais démontré qu'il obéissait à une double force supérieure, à l'ordre de Rome d'abord, ensuite aux foudres de Bayonne et du clergé gallican ; il les avait heureusement évitées dans la deuxième période de la procédure.

La troisième ouvrit une ère d'inaction et d'étouffement terminée par une éclatante injustice. Cette curie, qui s'était montrée jusqu'à la sévérité impatiente d'avoir les lettres, sembla s'endormir du sommeil des justes, après les avoir reçues et fait examiner une seconde fois. Elles prouvaient plus qu'on n'aurait voulu. Pour réveiller un peu l'official de cette torpeur qui dura huit mois, il fallut que le curé, impatient à son tour, mais avec raison, allât le trouver spontanément le 15 février 1871. Le 24 mai suivant, la sentence définitive de cette affaire fut enfin prononcée. On ne sait en vérité de quoi s'étonner le plus, de la violation flagrante des formes les plus essentielles de la justice, ou de l'étrangeté du fond. On avait refusé la liberté de la défense au curé, en lui défendant par une lettre officielle de choisir un avocat et un procureur laïques à Bayonne, où il n'y en a point d'ecclésiastiques, et alors que partout les prêtres ne peuvent l'être d'après les convenances et les canons (1). « Monseigneur ne voit pas d'in-
« convénient à ce que vous vous donniez un représentant et un
« avocat à Bayonne. *Mais vous devez tout prendre dans l'élément*

---

(1) Bouix. *De Judiciis ecclesiasticis*

« *ecclésiastique.* Du reste il continue de se tenir en dehors de la pro-
« cédure engagée par l'officialité, et des peines canoniques édictées
« par elle (1). » Nous le voyons de reste, *il se tient en dehors de la*
procédure, en y intervenant par le plus grave des refus, celui du
droit naturel et canonique de défense. Le voilà donc pris la main dans
le sac de ses dénégations.

Quelles nullités encore frappent cette sentence ! On la rend
uniquement d'abord, en vertu de la déposition, non d'une trentaine
de témoins, indiqués dans l'écrit de l'accusé, mais seulement de
trois témoins qui n'ont point prêté serment en sa présence, alors
que les lois l'exigent sous peine de nullité, et n'en dispensent
pas même les prêtres et les religieux (2). Ensuite, on la prononce encore, en vertu du rapport de deux nouveaux experts non
assermentés en écritures, que les parties n'ont ni nommés ni vus
prêter serment, ni approuvés, et dont rien, pas même la sentence, ne
dit les noms, les domiciles, les qualités : à tel point qu'un public quelque peu malin les croit venus de Paris ou peut-être de la lune. Le
grand vicaire, premier expert, a certes plus de notoriété ; mais son
rapport est supprimé, n'étant pas consciencieux ! De plus, cette sentence n'est point conforme au *libellé*, je veux dire à la demande judiciaire de l'ex-vicaire, telle que l'officiel l'avait plusieurs fois notifiée,
que le curé l'avait posée à Rome, et que l'évêque l'y avait acceptée
selon la lettre déjà citée du préfet de la Sainte-Congrégation des
Évêques et Réguliers. « Il est l'auteur ou du moins l'instigateur im-
« médiat de ces lettres. C'est ce qu'il fallait démontrer (3) ! Il est venu
« demander par écrit qu'il soit déclaré innocent des quinze lettres (4) ; »
or la sentence n'essaye pas même de prouver *qu'il en est innocent,*
qu'il n'en est ni *l'auteur,* ni *l'instigateur immédiat ;* mais seulement
qu'il ne les a pas écrites de sa main, qu'il n'en est pas l'auteur matériel ! Que peut faire ce point de pure matérialité, fût-il démontré,
et bien s'en faut, comme on voit ? Que peut-on en conclure pour lui
faire justice des imputations calomnieuses, dont il se dit l'objet dans

---

(1) Lettre de l'archiprêtre d'Oléron, 13 septembre 1870
(2) Doeix. *De Judiciis.*
(3) Mémoire à Pie IX, p. 10.
(4) L'officiel, 20 janvier 1870.

les Mémoires du Curé (1) ? De quelles *imputations calomnieuses peut-il être* l'objet, s'il est l'auteur de ces lettres comme instigateur immédiat, comme complice, comme ayant fourni les moyens et les secours ?

On refuse d'examiner cette question capitale, sans laquelle toute conclusion est impossible, et que tout le monde a posée, que la nature même des choses imposait évidemment. En effet, les *nouveaux experts* déclarent que l'ex-religieuse, celle qui avait remis ces quinze lettres au curé, les avait écrites de sa main plus ou moins déguisée ; qu'ils ont reconnu son écriture en la comparant avec celle de sa dénonciation calomnieuse de mars 1863 contre le curé (2). Mais d'abord cette ressemblance d'écriture et cette dénonciation accusent de suite la complicité de l'ex-vicaire, qui fut quatre ans à Arudy, au vu et su de deux mille témoins, le compagnon journalier, inséparable de cette personne ; ensuite les trois témoins, seuls entendus, quoique déclarés complices de l'ex-vicaire par les lettres mêmes, avouent qu'il a continué ces rapports d'intimité profonde avec elle durant son long séjour en Espagne ; car ils déposent que des religieuses même avaient été chargées de rassurer cette personne de la part de l'exilé, au sujet d'une affaire commune aux deux ; qu'il lui avait fait remettre 200 fr. en deux billets, à diverses reprises. Pour le mentionner en passant, le témoin, qui dit ce dernier fait, est une servante admise par l'official à déposer aussi du chef de son maître et de sa maîtresse.

Une lettre de 1866, mentionnée dans la sentence, établit qu'il était alors débiteur envers elle de 330 francs. Et cette intimité de quatre ans de présence, continuée dans l'exil jusqu'à la communauté de la bourse, n'a pas même induit l'official à soupçonner que si l'ex-religieuse pouvait être l'auteur matériel des lettres, l'ex-vicaire pouvait et devait eu être l'instigateur et le complice.

D'ailleurs, si l'ex-religieuse pouvait être l'écrivain matériel de ces lettres, quelqu'un, homme ou démon, aurait certainement conduit sa main, car elles sont pleines à chaque ligne, les premières au moins, d'injures atroces contre elle. Folle, direz-vous ! Mais les fous ne s'injurient jamais eux-mêmes ; et ce qu'ils retiennent le mieux de la

---

(1) Monitoire de l'official. 24 février 1870.
(2) Lettre du premier assesseur, M. Manaudas. 19 juin 1871.

nature humaine, c'est l'orgueil qui se vante et se préfère. Pour ce qui est du démon, il se sert de quelqu'un, et on ne l'admet point, aujoud'hui surtout, comme inculpé devant la justice. Quel est donc l'homme qui aurait conduit la plume de l'ex-religieuse? Elle seule pouvait répondre à cette question, et à tant d'autres. Pourquoi l'official ne l'a-t-il pas appelée et entendue avant de rendre son jugement? D'après les experts de sa confiance, c'était elle qui était l'auteur matériel des quinze lettres, accusant la moralité de l'ex-vicaire, accusation confirmée par sa déclaration autographe , nette, précise, du 2 février 1868, jointe, annexée à ces lettres. Tout cela était un acte carré, plus qu'explicite, d'accusation contre les mœurs de l'ex-vicaire. Par le fait de cette accusation, l'ex-religieuse était-elle devenue indigne de déposer, même à simple titre de renseignement, devant l'official de Mgr l'évêque? On l'a dit, écrit; c'est visible, même dans la sentence. Ce témoin, unique dans son importance, pour ou contre la complicité de l'ex-vicaire, on l'a refusé, on l'a élagué entièrement de cette affaire, on l'a déclaré indigne d'y donner même des explications. Mais pourquoi, s'il vous plaît? sa dénonciation de mars 1863, à la main; quoique la sachant deux fois détruite et rétractée par elle, vous avez tenu neuf ans en disgrâce l'infortuné curé devant les tribunaux et l'opinion religieuse de la France? Vous l'avez déclaré à Rome bien révoqué comme doyen *pour de justes causes ;* vous avez avoué que *ladite dénonciation faite par cette personne a été la cause et le principe des scandales qui ont si longtemps désolé le diocèse et qui n'ont eu que trop de retentissement ailleurs* (1).

Comment un témoin d'assez de valeur pour briser l'infortuné curé, n'en aurait pas contre le vicaire? Celle qui est d'un si grand poids à Rome, n'en aurait aucun à Bayonne? Celle qui a mérité à vos yeux d'être *le principe et la cause de si longs scandales dans le diocèse et de leur trop de retentissement ailleurs,* ne mérite point de dire même un mot à voix basse contre le vicaire, dans le huisclos si bien gardé de vos audiences? Celle chez qui le curé n'a été que trois fois dans sa vie, et encore en visite officielle, a pu pertinemment l'accuser? et sa déposition serait sans force contre ce vicaire qui l'a si longtemps et si souvent fréquentée? Avouez que la Providence vous

---

(1) Lettre du premier assesseur de l'official, 19 juin 1871.

a donné dans ces quinze lettres un éclatant démenti. Elle vous l'a fait infliger de vos propres mains.

Puisque vous déclarez aujourd'hui ce témoin indigne d'être cru, entendu même, Dieu vous oblige de confesser ainsi l'inanité intrinsèque, l'absence de toute valeur naturelle et réelle d'un témoin dont vous vous êtes neuf ans servi, pour excuser votre conduite auprès de vos prêtres, des évêques de France et du souverain Pontife. Oui, c'est le cas de s'écrier ou jamais : « Nous avons enfin l'aveu même des coupables, *habemus confitentes reos.* » C'est un aveu juridique.

Nous résumons cette discussion de la sentence du 24 mai 1871. Elle n'est pas seulement nulle par les faits généraux de suspicion légitime et autres qui frappent toute la procédure et les jugements, comme on l'a vu, mais encore : 1° dans son ensemble, par le refus authentique du droit toujours sacré de la défense ; 2° dans la preuve testimoniale, par le refus non motivé d'entendre une trentaine de témoins indiqués par écrit, entre autres des prêtres respectables ; par l'omission du serment devant l'accusé des trois seuls témoins entendus, quoique déclarés suspects par les lettres mêmes dont s'agissait ; 3° dans l'expertise, par la même omission du serment et des formalités essentielles dans toute création d'experts ; 4° dans la conclusion de la sentence, par le défaut absolu de conformité avec le libelle, tel qu'il était posé en 1867, 1868, 1871 par le curé, puis, en 1869, 1870 et 1871 par le vicaire et l'official, enfin devant la sacrée Congrégation des évêques et réguliers ; 5° dans toute la moralité de l'affaire, par le refus d'entendre, même à simple titre de renseignement, celle qui porte et connaît seule tous les secrets de l'émission, de l'écriture, de la complicité de ces lettres, quoique une simple missive de sa main ait suffi et valu assez, durant neuf années, aux yeux de l'évêque et de l'official, pour être le *principe et la cause des scandales* si désolants et si retentissants de toute l'affaire d'Arudy.

Faut-il s'étonner ensuite, si, à l'audience même du 24 mai 1871, et avant la lecture de cette sentence, le curé, formellement menacé par le promoteur, avec l'assentiment de l'official, au nom même du domaine le plus sacré, au nom des intentions imaginaires de vengeance de sa part, contre l'évêque, par l'impression de ces lettres, motif qui, dans la conscience du juge, rivait *l'autre affaire* à celle *dans laquelle il pouvait encore avoir beau jeu* sans cette circonstance ; fauts'étonner, disons-nous, s'il fit appel verbal à Rome *de tout sans exception;* et s'il le renouvela par écrit le 5 juin suivant, dans sa lettre à l'official portant la date du 4? Ne soupçonnant pas alors sans doute la valeur et la portée de ce double appel, fait avant et après la sentence, l'official, en date du 30 mai, le fit citer, seulement le 3 juin au soir, à comparaître de nouveau le 6 du même mois pour se voir interdire complétement et même excommunier.

Soit par empressement vers le dénoucment, si longtemps projeté, de ce cruel drame, soit par calcul et intention, il n'y avait que deux jours d'intervalle entre la citation et le jour fixé pour comparaître.

Il était physiquement et moralement impossible dans un si court intervalle de se faire représenter à Bayonne, à une si grande distance, même par un ecclésiastique sans titre à cet effet. Quant à y aller lui-même, il était gravement indisposé; c'est ce qu'il écrivit le 4 à l'official, en faisant le second appel déjà mentionné. Assurément ces deux motifs parfaitement canoniques, et cet appel de la sentence définitive, rendaient deux fois nulles, de plein droit, la sentence de condamnation et les censures et les injonctions qui furent nonobstant prononcées le 6.

« Car, dit Bouix, page 253, *de Judiciis,* si le juge prononce une censure après l'appel de sa sentence, cette censure est entièrement nulle, et l'appel n'est point infirmé, empêché par cette censure. Supposons qu'un évêque ait prononcé contre un clerc une sentence, sans censure (c'est ici le cas); que ce clerc ait ensuite interjeté appel de la sentence; alors si l'évêque le frappe d'une censure, elle sera intrinsèquement nulle, parce que, en vertu de l'appel, la juridiction de l'évêque envers ce clerc demeure suspendue. (Cap. *ad Præsentiam, de Appell.*)

Bravant cette jurisprudence et le respect du droit d'appel, qui est aujourd'hui de foi, il se rencontra un évêque pour permettre, et un official pour édicter le 6 juin, les censures suivantes :

« M. Bergé est et demeure interdit *ab altari et ab officio.* Nous lui interdisons, sous peine d'excommunication, tout exercice des fonctions sacerdotales. Nous lui ordonnons de faire, pendant un mois, des exercices spirituels de pénitence dans une maison ecclésiastique de notre diocèse; de se faire absoudre des censures et de l'irrégularité qu'il a encourues; de souscrire la rétractation demandée par la sentence, 24 mai, en faveur de M. Espagnolle, ex-vicaire, et dont nous lui donnerons la formule; de remettre entre nos mains tous les exemplaires du libelle qu'il pourra recueillir; de payer les frais de procédure dont la note sera jointe à cette sentence. Si, à partir du jour où la présente lui sera notifiée, il ne cesse toute fonction ecclésiastique, et si, avant le 5 juillet, il ne prend des dispositions pour aller faire sa pénitence et exécuter les autres injonctions, nous déclarons qu'il sera, par ce fait même, frappé d'excommunication, et que la présente sentence sera lue publiquement dans l'église d'Arudy et affichée aux portes de ladite église.

« Ainsi jugé, etc. »

Ces aménités si charitables, si douces, notifiées le 19 juin, furent immédiatement acceptées en ces termes par celui qui en était l'objet :

« M. le vicaire général, ayant fait appel à Rome dans votre audience, le 24 mai, *de tout*, et de votre sentence, même date, signifiée à moi le 3 courant au soir; l'ayant expressément fait par écrit le 4 courant, dont récépissé, dans votre nouvelle sentence du 6; je ne suis tombé dans aucune de vos censures. Cependant, *prêtre*, je me soumets à toutes vos injonctions, mais uniquement *par obéissance, par provision, et sans nuire en rien à aucun de mes appels*, ni au présent que voici....... »

Sans y être nullement obligé sous aucun rapport, l'abbé Bergé ayant à cœur de donner un grand exemple d'obéissance et d'humilité sacerdotales, suspendit à l'instant tout exercice de ses fonctions de pasteur et de prêtre, fit au cœur d'un été rigoureux les trente jours de retraite, envoya le montant des frais de procédure, sollicita la levée des prétendues censures et irrégularités, envoya tous les exemplaires à sa disposition, souscrivit, *par obéissance et par provision*, la formule, envoyée, de rétractation en faveur de l'ex-vicaire, coupable et repris de justice.

Quand il eut tout accompli, par de nouvelles prétentions, qui n'étaient nullement dans la sentence, on refusa de le relever des censures, et de solliciter pour lui à Rome, suivant l'usage, la dispense de la prétendue irrégularité. On exigea de lui contre tout droit et toute décence, un désistement par écrit de tous ses appels. Grand Dieu ! et c'était le juge lui-même qui en reconnaissait la légitimité par cette exigence sans précédents! La victime se soumit encore ; elle remit ce désistement, motivé par l'état présent du Saint-Père et de Rome. Alors, on l'exigea *pur* et *simple*, en le flanquant dans la formule qu'on envoya de trois déclarations en faveur de l'ex-vicaire, de l'official et de l'évêque. Le curé la souscrivit encore, avec la seule clause : *par obéissance :* clause qui sauvegardait ses convictions dans l'affaire avec la vérité. Quelle incroyable conduite de la part d'ecclésiastiques si haut placés! Qu'un condamné dans une affaire soit ainsi contraint de signer sa propre condamnation, on ne l'avait jamais vu ni dans les tyrannies du polythéisme ancien, ni dans les despotismes les plus justement odieux des temps modernes. Mais, ce qui ne peut être que de l'enfer, c'est d'obliger, sous peine de rester éternellement flétri par l'interdit, à déclarer plus que la sentence ne porte, encore tellement qu'elle ment , lorsqu'elle se borne à dire que l'ex-vicaire n'est pas l'*auteur* matériel des lettres, forcer à signer qu'il en est complétement innocent!

O ciel ! et qu'après cela on puisse voir encore aujourd'hui ce *digne prêtre* n'exerçant aucune fonction ecclésiastique, ne disant pas même la sainte messe, consolation que l'Église refuse si rarement, même à de grands criminels; donner depuis cinq mois à ses ouailles bien-aimées l'exemple héroïque d'une soumission qui n'est point due, en droit! Si Rome lui avait demandé, le 11 juillet 1870, ce sublime sacrifice de tout son être, de toutes ses affections, Rome devrait être pleinement satisfaite ! Mais elle n'exige jamais ce que le droit n'impose point.

Les motifs, sur lesquels s'est appuyée la haine de l'évêque et de son official dans leur sentence du 6 juin, pour y légitimer cette ruine sacerdotale, si sainte et si belle aux yeux de la religion et de la raison , sont d'une telle fausseté évidente ou démontrée qu'on ne peut douter, à cet autre point de vue, de sa complète et radicale nullité.

En effet, analysons rapidement tous ces motifs.

Ce sont d'abord les fausses contumaces des 10 mai et 26 août 1870, dont le lecteur a déjà vu toute l'inanité de droit et de fait. La première portait sans doute une censure conditionnelle, mais il en a été fait appel légitime *ante conditionis eventum.* Nulle de plein droit, elle n'a jamais obligé d'aucune manière. La seconde édictait un interdit sans condition, mais en déclarant explicitement qu'*il cesserait dès que le curé se serait soumis complétement.* Or, il se soumit complétement et instantanément par sa lettre du 7 septembre, par la nomination d'un mandataire à Bayonne, et l'envoi des quinze lettres. A qui veut-on faire accroire qu'un prêtre a été *contumace,* après qu'il a comparu de sa personne, quatre fois, à une si grande distance, et par mandataire durant six mois? Aussi l'official sent le besoin d'inventer une troisième contumace, fondée sur ce qu'*il a quitté le 24 mai la salle des séances pendant que le promoteur lisait son réquisitoire, faisant appel de la sentence qui serait prononcée et résistant aux instances de la Cour qui l'engageait à attendre que la sentence fût prononcée.* Mais s'il y a contumace dans ce cas, c'est de la part de la Cour elle-

même, qui n'a pas respecté son supérieur, même par une délibéra-
tion sur l'appel fait à Rome en sa présence, et dont elle a été plus
tard obligée d'admettre la légitimité, puisqu'elle en a exigé le désistement écrit et formel. Quel indigne besoin de forger de si petites et
fausses désobéissances, afin d'y asseoir les plus graves pénalités,
toujours réservées aux forfaits les plus noirs !

Le second et dernier motif, invoqué par la sentence du 6 juin, c'est
la *publication d'extraits des quinze lettres dans le cinquième chapitre* du premier mémoire du curé.

Mais il n'y a jamais eu *publication* de ce cinquième chapitre. Car il
n'a jamais été annoncé ni par prospectus, ni par circulaires, ni par
affiches, ni par des journaux ; jamais vendu, colporté par personne ;
jamais distribué ou envoyé à une partie même du public, mais seulement remis à des prélats et à des ecclésiastiques éminents, parfaitement indiqués d'avance dans la teneur même de l'écrit. A part le
dépôt légal à la préfecture et au tribunal civil qui avaient droit d'en
connaître d'office, aucun exemplaire n'a été mis au pouvoir ni prêté
par le fait du curé, même à ses plus honorables et plus intimes amis
laïques. Est-ce donc une publication? L'official l'affirme, de très-
grands jurisconsultes le nient avec raison. Quoi qu'il en soit, en théo-
rie, le curé n'a fait qu'user d'un droit, dans l'espèce. Car dans tout
litige que l'on commence ou que l'on poursuit, c'est le droit toujours
reconnu aux parties ou à leurs avocats, si elles peuvent en avoir en
titre, de communiquer imprimés, dans des mémoires aux juges et aux
hommes compétents du ressort, non-seulement l'acte d'accusation du
procès, mais encore des extraits, la teneur même entière des lettres
et documents de l'affaire. Quel tyran a jamais dénié ce droit dans
l'État ou dans l'Église? Or, le curé d'Arudy n'a fait qu'user de ce
droit avec modération; poser la question de son innocence devant
l'évêque, par un acte d'accusation de ses deux calomniateurs, fondée
sur quinze lettres, dont il donne seulement des extraits dans ce mémoire spécial, le cinquième chapitre ; et le communiquer seulement
aux hommes les plus compétents du ressort, savoir : les évêques de
France et les doyens de Bayonne? Y avait-il acte d'accusation, oui ou
non? Procès commencé, oui ou non? Lettres et documents à juger,
oui ou non? Mémoire sur ce, oui ou non? Dans l'Église de France
où le curé était affiché comme un criminel par de honteux motifs

d'une lettre infâme, secrète, jugée *ex informata conscientia,* les évêques de France et les doyens de Bayonne étaient-ils des hommes compétents, oui ou non? Si, pour donner à ce procès et à ce mémoire les apparences d'une diffamation, l'évêque, toujours habile, a refusé dix mois de s'en occuper, de le livrer à la vindicte de son official ou des tribunaux, est-ce la faute du curé? Ne demandait-il pas à l'Église dans cet écrit des juges quelconques, pourvu que dans l'intérêt des âmes et de la religion le huis clos fût accordé?

Qu'est-ce donc qu'une sentence qui condamne après quatre ans un homme honorable, un *digne prêtre,* par de si faux motifs, aux peines les plus cruelles, dont le moyen âge lui-même fut moins prodigue envers les criminels? Qu'est-ce qu'une sentence prononcée si terrible en faveur d'un repris de justice et consorts contre un innocent déclaré par les tribunaux? Qu'est-ce qu'une sentence qui dépouille 'innocent de tout honneur, de toute réputation, de tout moyen de subsistance, par des motifs si légers, fussent-ils vrais, savoir: parce qu'on aurait touché à une réputation frappée et décrétée par des jugements ayant force de loi, parce qu'on aurait désobéi une ou deux fois en ne comparaissant pas; alors qu'à part cette faible exception, on a comparu à une si grande distance quatre fois en personne, et six grands mois par procureur? Où est la justice, où la bonne foi sur la terre, si l'Église tolère plus longtemps de telles énormités?

Les consciences ne s'égarent pas à ce point, sans avoir suivi un faux sentier qui les rattache comme fin à la justice. Les juges familiers de l'évêque s'étaient proposé, dès le commencement, de le venger sur le curé de toutes ses éclaboussures, dans l'affaire d'Arudy. Ici nous ne citerons point leurs paroles, mais leurs aveux écrits et signés: « L'abbé Espagnolle a été bien puni de tout ce qu'*il peut* « avoir fait contre vous, convenez-en : un jugement laïque infamant « et cinq années d'exil, et encore aujourd'hui sans position aucune; « mais vous, *qui avez diffamé votre évêque dans vos mémoires,* et « qui en dernier lieu vous êtes constitué contumace contre l'autorité, « quelle peine avez-vous subie (1)? » Le fin mot échappe, il faut le retenir : *Quelle peine avez-vous subie, vous qui avez diffamé votre évêque dans vos mémoires?* Mais il fallait établir ce motif dans la procédure, la discussion et la sentence; il fallait oser l'y écrire! La nature, les canons et la loi l'exigeaient. Au contraire ce fin mot de l'affaire, on l'en

____

(1) Lettre du premier assesseur, M. Manaudas, 19 juin 1871.

a toujours écarté avec soin. Ce motif, exprimé avant la sentence, aurait tout frappé d'une nullité plus qu'évidente ; pourquoi pas, exprimé après et bien constaté comme secret mobile de toutes les sentences? L'écrivain continue encore: « Soumettez-vous aux jugements « et aux prescriptions de l'officialité ; puis écrivez une lettre d'excuses « à votre évêque ; venez à Bayonne et vous serez bien accueilli. »

Le curé s'était déjà soumis jusqu'à l'*apex* et l'*iota* comme on l'a vu ; il alla le déclarer à Bayonne, et ne fut point reçu par le prélat. Il lui écrivit la *lettre conseillée d'excuses au sujet de ses mémoires ;* condamné *pour désobéissance*, il fit et signa tout ce qu'on voulut, avec la seule clause : *par obéissance;* mais loin de le relever, comme la lettre citée l'insinuait et comme le promettait plus formellement l'official lui-même sous sa signature, le 17 juin 1871, une haine implacable, grandissant par l'humiliation même de sa victime, alla jusqu'à faire lire dans la chaire d'Arudy, le 23 septembre, sa condamnation et son remplacement au spirituel, et jusqu'à l'afficher aux portes de l'église! Or, la sentence n'annonçait cette publication et cette affiche que pour le seul cas d'insoumission. Elle ne portait pas l'abus du pouvoir jusqu'à prescrire de signer *par conviction*; elle n'excluait point de le faire *par obéissance,* au contraire, puisqu'elle commandait de signer.

Et maintenant, que tous le sachent, ce prêtre n'est laissé sans position par celui qui devait être son père, que parce qu'il a été assez noble, assez grand pour refuser de donner sa signature avec une *restriction purement mentale.* Lequel des deux est de la bonne école? ô Rome! ô France! prononcez!

De l'autre part, ce n'est qu'un mois après toute sentence de l'official, le 4 juillet 1871, lorsque le curé vaquait à ses exercices spirituels, que l'on consentit à faire venir et à entendre enfin l'ex-religieuse ; ce fut, selon un mot trivial, mais juste, comme *la moutarde après dîner.* Sa déposition, si tardive et presque posthume, doit être de la plus haute gravité contre l'ex-vicaire et consorts, puisqu'on l'a gardée sous ce rapport dans un profond secret auquel on ne nous a pas habitués dans cette affaire. Mais pour ce qui concerne le curé, personne n'ignore dans le diocèse avec quelle force cette personne l'a vengé pour la troisième fois, en déclarant devant l'official, faux et calomnieux tout le contenu de la trop *célèbre lettre secrète, cause principale et principe de tant de bruits scandaleux, qui ont depuis*

longtemps affligé le pays et trop retenti ailleurs. Qu'attendent donc
ces juges? Après avoir calomnié neuf ans un innocent, sous prétexte
d'une lettre appréciée dans les secrets de *l'informata conscientia,*
voilà qu'ils en constatent juridiquement eux-mêmes la fausseté par le
pénible aveu de celle qui l'aurait écrite à l'instigation et sous la dictée
d'un monstre, leur *bien-aimé confrère* (1)! Alors, ils manquent du
courage chrétien de reconnaître leur long égarement, qui est celui de
leur maître; ils ne relèvent pas le prêtre qu'ils ont brisé sous de vains
prétextes, celui que leurs sentences calomnient partout, surtout à
cause des motifs secrets et chimériques qu'elles font supposer par
d'énormes pénalités. S'ils reculent encore devant le devoir sacré de
rendre enfin justice après tant d'iniques persécutions, il faut avouer
au moins que Dieu n'a pas ménagé les flots de sa lumière sur ces
quinze lettres, quel qu'en soit l'auteur, et sur celle de l'ex-religieuse.
Admettons qu'elle soit l'auteur de toutes ces seize épîtres, comme le
prétendent les nouveaux experts. Que ce soit elle ou le vicaire, ou tous
les deux qui sont les auteurs de ces infâmes pièces; c'est toujours dans
ce couple calomniateur du curé que doit évidemment être et qu'a été
trouvé le coupable. C'est toujours ce couple, hors duquel n'est et ne
peut être l'écrivain, l'auteur, l'instigateur; c'est lui qui s'est dépeint
lui-même tel qu'il est, tel qu'il fut quatre ans, abusant vilainement de
l'écriture et de la parole dans la paroisse d'Arudy! Et voilà le triste
couple calomniateur qu'un évêque a neuf ans préféré à un vieillard
du sanctuaire, garanti contre le mensonge par son honneur et sa
pureté de soixante ans; par l'unanime témoignage de ses quatre paroisses successives; par la magistrature française dans deux jugements
très-solennels, qui ont, depuis sept ans, force de loi! Voilà ce que
valent la trop fameuse lettre secrète et les *justes* causes de révocation
d'un doyen, d'un curé, d'un prêtre. Voilà l'autorité morale de celle
qui l'a écrite! L'injustice la plus longue et la plus cruelle a non-seulement crucifié ce saint prêtre, mais elle l'a enseveli dans le linceul de la
calomnie. Que Rome et Paris, chargés par la Providence de réprimer
cet immense abus de pouvoir, lui fassent enfin une résurrection convenable! Tout la réclame : la religion, la société, la morale, l'opinion
publique. Nous l'espérons avec une ferme confiance de la justice de
Dieu et des hommes.

Charles B....., Avocat et licencié en droit.

(1) Paroles de M. Hiriart, promoteur, dans son réquisitoire du 24 mai 1871.

Paris.-Imp. PAUL DUPONT (3262.10.1)